本书由“北方民族大学青年人才培育项目(2022QNPY13)”和”国家民委西部地区特色农产品营销创新团队项目”支持

经管文库·管理类

前沿·学术·经典

组织公平对职场偏差行为的影响机制研究

RESEARCH ON THE INFLUENCE MECHANISM OF ORGANIZATIONAL JUSTICE ON WORKPLACE DEVIANCE

郑惠珍 著

经济管理出版社
ECONOMY & MANAGEMENT PUBLISHING HOUSE

图书在版编目（CIP）数据

组织公平对职场偏差行为的影响机制研究 / 郑惠珍著 . — 北京：经济管理出版社，2023.5
ISBN 978-7-5096-9011-6

Ⅰ. ①组… Ⅱ. ①郑… Ⅲ. ①组织行为 - 研究 Ⅳ. ① C936

中国国家版本馆 CIP 数据核字（2023）第 086265 号

组稿编辑：杨国强
责任编辑：杨国强
责任印制：许　艳
责任校对：蔡晓臻

出版发行：经济管理出版社
（北京市海淀区北蜂窝 8 号中雅大厦 A 座 11 层 100038）
网　　址：www.E-mp.com.cn
电　　话：（010）51915602
印　　刷：唐山昊达印刷有限公司
经　　销：新华书店
开　　本：710 mm × 1000 mm/16
印　　张：10
字　　数：170 千字
版　　次：2023 年 5 月第 1 版　2023 年 5 月第 1 次印刷
书　　号：ISBN 978-7-5096-9011-6
定　　价：98.00 元

联系地址：北京市海淀区北蜂窝 8 号中雅大厦 11 层
电话：（010）68022974　邮编：100038

前　言

近年来，在越来越人性化的职场中，员工主动发出的、违反组织规则且对组织或个人有危害的行为层出不穷。在我国职场中，偷窃、怠工、早退、损害公司财物、拖延工作、诋毁他人等多种消极工作行为普遍存在，Robinson 和 Bennett（1995）将它们称为职场偏差行为，这些行为在给组织带来消极影响的同时，还可能使企业遭受巨大的经济损失，甚至影响组织的长远发展。近 30 年来，学者的研究逐渐增多，但职场偏差行为的研究成果并不丰富。

在社会发展和进步的推动下，公平观念逐渐被员工意识到。“公平与否”在组织发展中的地位及影响越来越大。对职场偏差行为而言，组织公平在其中究竟起何种作用？是如何发生作用的？又受到哪些组织情境因素的制约？这一系列问题都在促使学者研究组织公平对职场偏差行为的影响机制。

本书在对国内外组织公平和职场偏差行为的相关研究进行分析总结的基础上，采用了深度访谈、调查问卷等方式收集了研究数据，通过 SPSS 和 AMOS 等统计分析软件，研究者对 366 份调查问卷进行了方差分析、因子分析、路径分析、多层次线性回归分析等。得到的主要研究结论如下：

（1）本书对组织公平与职场偏差行为的各维度进行分析。研究结果表明，组织公平对职场偏差行为存在着显著的负相关关系，且分配公平、过程公平、互动公平分别与组织导向职场偏差行为、人际导向职场偏差行为呈现显著负相关关系。

（2）研究发现，工作满意度在组织公平和职场偏差行为关系中存在中介作用，但各维度的影响作用并不一致：工作满意度在分配公平与职场偏差行为的显著相关关系中具有中介作用；工作满意度在过程公平与职场偏差行为的显著相关关系中不具有中介作用；工作满意度在互动公平与职场偏差行为的显著相关关系中具有中介作用。

（3）研究发现，工作嵌入在组织公平与职场偏差行为的关系中具有显著负向调节作用，但各维度的表现不一致：工作嵌入在分配公平与职场偏差行为的负向关系中起负向调节作用；工作嵌入在过程公平与职场偏差行为的显著负相关关系中不起调节作用；工作嵌入在互动公平与职场偏差行为的关系中起负向调节作用。

本书的创新点：

第一，本书用实证的方法丰富了组织公平理论和职场偏差理论。目前，我国本土企业的实证研究相对较少，研究成果尚不能较好地支持学者和管理实践者从中探究组织公平、职场偏差行为等。本书采用实证的方法对组织公平、职场偏差行为的影响机制进行了定量研究，丰富了该领域的研究。

第二，本书构建了组织公平对职场偏差行为的影响机制模型。通过对组织公平与职场偏差行为、工作满意度、工作嵌入等变量的理论研究和实证研究，构建了以工作满意度为中介作用、工作嵌入为调节作用的影响机制模型，完善了组织公平理论和职场偏差理论的研究，有利于深入理解两者的逻辑关系和理论探讨，有的放矢地指导管理实践。

第三，本书检验了工作嵌入在组织公平对职场偏差行为影响中的调节作用。在对文献的研究中发现，目前工作嵌入结果变量已从离职相关研究拓展到了组织工作绩效、组织公民行为以及自愿离职等行为的研究，鲜少见到与职场偏差行为做关联研究。本书将“工作嵌入”纳入研究范畴，并在数据分析后发现，工作嵌入在组织公平与职场偏差行为之间确实存在调节作用。

目　录

第一章　绪论

第一节　研究背景

近十多年来，计算机以及互联网所形成的网络社会、贫富差距加大、民粹主义倾向等问题在全球范围内产生了巨大的影响。在对人类社会发展起到积极作用的同时，也带来了一些不利影响。网络社会以其开放性、复杂性、全球性、丰富性以及虚拟性的特点，为人类社会的行为带来了巨大的改变。这种改变体现在人与人的相互影响、人际交往网络以及信息的人际传播三个方面。如网络社会少了实际社会中一些原有的约束，多了一些随便在网络上发表不负责任言论的行为；网络社会不用直接沟通就能便捷的信息交流与传递，在减少了情感交流和直接沟通的同时，使社会关系变得更加简单；网络社会中信息交流的便捷性，使每个拥有网络和终端的人秒变为“博学者”，成为了信息收集者、信息发布者。过度的贫富差距导致社会和价值观的撕裂以及个人价值观的畸变（个人不再相信奋斗可改变人生）等社会问题，也在点点滴滴中改变着人们的行为。而在民粹主义倾向下，“普通人”正确认识世界的能力下降，使网络世界无约束的个体行为成为了现实中的无约束行为。社会网络、贫富差距加大、民粹主义倾向等交织在一起，改变着人们的价值观，影响着人们对事物的认知、态度和行为。

大环境中各种因素交织在一起，影响着人的意识和思维，进而支配着人们的行为，使人们对事物的敏感度增强、容忍度下降。如选择性地获取网络社会的信息而带来的公平感知、价值观畸变后的敏感度增强和容忍度下降，民粹主义倾向下的“无约束”行为等都会在较大的社会范围内引起越来越多的公平事件和偏差行为的发生。人们受到网络信息中宣扬的片面化公平思想的影响，网络支撑下快速便捷获取的“偏见信息”刺激着人们的公平感受，现实中的无约束行为会导致一些偏差行为的频频发生。这种公平感知在不易获取信息的过去可能并不存在，但在易获取信息的网络社会却很容易唤起人们的公平意识以及对比的意识，这会促使更多的公平感受发生，这种比过去更易发生的公平感使当今的我们越来越不能忽视公平以及相关研究。而这些都是产生偏差行为的诱因，使偏差行为更加突出或者使偏差行为的发生频率增大。

从微观层面看，组织中由于公平事件引发的攻击性管理行为不断出现，反映出组织公平具有消极性和破坏性的一面，且对组织具有破坏作用。组织中的不公平是诱发职场偏差行为的原因之一。早在 1965 年 Adams[1] 提出公平理论时，这种对于组织的公平感受就与职场偏差行为有了密切的联系。该理论认为：员工在获得报酬时，除了考虑绝对数量，还会对所获得的相对报酬与他人进行比较，若认为不公平，可能会出现不满情绪、消极工作、传播谣言、低忠诚度、低工作效率等行为和结果，这些行为包括典型的职场偏差行为。对于组织公平，随着之后的深入研究，提出了过程公平、互动公平等多维度。这对于重视“公平”与当下提倡“人性化”的组织而言，是非常值得关注的话题。

与此同时，在越来越关注人力资源的大环境下，组织对员工的个性化行为越来越宽容，对员工的管理也趋于“人性化”。而在人性化思想的指导下，各式各样的“跳脱”行为在组织中出现的概率越来越大，一些违反组织规则且对组织或个人有危害的行为比以往出现的可能性更大，这种由员工主动发出且违反组织的规范、制度，会威胁到组织或组织内成员的行为被称为职场偏差行为（Workplace Deviance Behavior，WDB）[2][3]，这是一种看不见却又普遍存在的组织问题。在我国，各种损害组织或组织成员的有意识行为也较为常见，偷窃等数十种消极工作行为普遍存在于工作场所中[4][5]；一些职场偏差行为甚至会持续地发挥坏作用，有 66.8% 的偏差行为会持续一年，40%的偏差行为可能持续长达两年的时间[7]。在组织中，有职场偏差行为的员工个人可能会离职，可能会带给组织严重的消极影响，使组织遭受巨大的经济损失；还会由于泄露组织机密、损害组织形象、危害组织的长远发展，甚至对企业的可持续发展造成巨大影响[6]。

近 30 多年来，职场偏差行为已成为当前各国企业界普遍存在的行为[8]，越来越不容忽视，这种“负面行为”的研究逐渐增多。我国学者的相关研究在近 10 年来出现较多。国内外的研究内容和研究重点有明显差别，国外研究视线已经转移到了群体层面，我国对职场偏差行为的研究依然处于研究前期，学者的研究较多地集中在个体偏差行为的内容研究以及前人成果的梳理中，对于诸如群体偏差行为的诱因、形成机制以及行为结构等研究较少。国内鲜有职场偏差行为研究成果，不利于指导企业的管理实践[9]。因此，从理论上完善职场偏差行为的研究体系势在必行。

从实践的角度看，职场偏差行为的研究也亟须展开。近年来，越来越精细的组织管理要求关注组织公平和职场偏差行为。组织行为和领导力理论的不断创新，必然影响着组织公平理论的研究；追求创建高绩效的组织尤为重视塑造员工的行为；危机管理理论的兴起，使管理者和学者关注到职场偏差行为可能带来的诸多危机，也更重视职场偏差行为；在柔性管理的广泛推进中，必须大幅降低职场偏差行为，组织才能适应新的管理模式；只有不断降低职场偏差行为，知识管理与创新管理的实践才能促使员工创新行为的不断发生，才能促成知识管理与创新管理的有效运行。

本书探讨中国情境下组织公平与职场偏差行为的关系和影响机制，探索性地加入工作满意度为中介变量、工作嵌入为调节变量，具有一定的理论意义，希冀对当前环境下的组织人力资源管理实践活动有所启示。

第二节 研究目的及意义

一、研究目的

本书关注我国组织中的员工职场偏差行为问题，基于组织公平的视角，将理论研究与实证研究的方法结合起来，用定量和定性的研究方法分析一手资料，构建“组织公平—工作满意度—职场偏差行为”以及“组织公平—职场偏差行为（工作嵌入为调节变量）”的影响机制模型，以期能够探究组织公平的不同维度对职场偏差行为的影响力，以及工作满意度、工作嵌入变量在组织公平对职场偏差行为影响路径中的作用，充实组织公平和职场偏差行为领域的研究成果，并为管理者的工作思路提供参考路径。本书的研究目的列示如下：

（1）通过探究组织公平对职场偏差行为的作用关系，解释职场偏差行为发生的机理。有学者认为，组织公平与职场偏差行为有显著的相关关系；但在组织公平不同维度与职场偏差行为的研究中，尚存在较大的分歧，有学者研究发现，分配公平、过程公平这两个维度对职场偏差行为有显著的预测作用；有学者提出，分配公平、互动公平对人际导向职场偏差行为有较强的负相关性，而过程公平对组织导向职场偏差行为的负相关性最强；有学者提出，过程公平对组织导向职场偏差行为的相关性最强，互动公平对人际导向职场偏差行为的相关性最强；等等。因此，本书欲从组织公平角度探究职场偏差行为的原因及其机制，进一步探讨不同的组织公平维度对职场偏差行为的影响程度，探究此二者之间究竟有何作用，如何产生影响，这种影响又如何起作用，受到哪些因素的制约等问题，这是本书研究的重点之一。

（2）基于工作满意度探究组织公平对职场偏差行为的影响机制。Tyler 认为，组织公平感知对工作满意度的提升来自组织的过程公平，这种组织中的过程公平，会被员工认知为"组织信任和重视"，而这种信任感又会促使较强的利他主义工作动机，进而促使员工工作满意度的提升[10]；多个学者均提出工作满意度对职场偏差行为具有反向的相关关系，认为职场偏差行为的产生原因多由个体情绪不满导致，在员工的离职倾向、缺勤行为等职场偏差行为的预测上，工作满意度能起到较好的预测效果。但当前工作满意度与职场偏差行为的关系研究和作用研究成果并不丰富。从文献梳理中可以得知，组织公平与工作满意度间存在一定关系，且工作满意度与职场偏差行为间也存在关系，但组织公平与职场偏差行为的影响机制如何？工作满意度在其中起什么作用？工作满意度在组织公平不同维度与职场偏差行为不同维度中的影响作用如何？这些是本书要探究的内容。

（3）探索工作嵌入在组织公平与职场偏差行为关系的边界条件。学者们较为认可组织公平与职场偏差行为间存在负相关关系，但对二者之间的影响研究并不深入。已有的研究表明，组织特征对员工的工作嵌入程度是具有影响力的[11]，工作嵌入对于离职、留职具有较强的预测力。工作嵌入对离职、留职行为的预测力表明工作嵌入对员工的行为和态度具有预测效果，而职场偏差行为是员工主动发出的、危害组织成员或组织利益的行为。据此推断，工作嵌入可能对职场偏差行为具有影响力，当前鲜有学者作此研究。因此，本书探索工作嵌入在组织公平对职场偏差行为关系的边界条件，具有一定的理论价值和实践指导意义。

总的来说，目前我国对员工职场偏差行为的发生频率、职场偏差行为产生的损失统计调查及学术探讨都很有限[12]，无论是深度上还是广度上都还不尽如人意[13]，本书的研究有利于完善职场偏差行为理论。本书从组织公平视角，对以工作满意度为中介变量、工作嵌入为调节变量的职场偏差行为影响机制进行研究。

二、理论意义及实践意义

本书将采用理论分析和实证分析相结合的方法，研究我国文化背景下的组织公平对职场偏差行为的影响机制。主要理论意义有三点：

第一，深化了组织公平视角下的职场偏差行为研究。目前，基于我国本土企业的实证研究相对较少，本书通过对国内外文献的梳理和理论回顾，探讨组织公平、职场偏差行为的概念、维度、测量、影响因素等，进而从理论上演绎推导组织公平与职场偏差行为的关系。

第二，揭示我国情境下组织公平对职场偏差行为的影响解释机制。通过“关于职场心理和行为的问卷”进行了问卷调查，并辅以较为深入的访谈，获取了一手资料；再对数据进行分析和整理，剖析并解释了我国情境下组织公平对职场偏差行为的影响机制。主要包括四个方面：一是组织公平对职场偏差行为的影响研究；二是工作满意度在组织公平对职场偏差行为关系中的中介作用；三是工作嵌入在组织公平对职场偏差行为关系中的调节作用；四是人口统计特征对职场偏差行为的影响差异。本书主要对组织公平对职场偏差行为的影响机制进行深入分析，作出我国情境下合乎情理的解释。

第三，拓展了组织公平研究和职场偏差理论的边界。通过对组织公平与职场偏差行为、工作满意度、工作嵌入等变量的理论研究和实证研究，构建以工作满意度为中介作用、工作嵌入为调节作用的影响机制模型，完善组织公平理论和职场偏差理论的研究，对于深入理解组织公平与职场偏差行为的逻辑关系和理论、拓展理论边界，具有较好的指导意义。

本书研究具有以下实践意义：

第一，为企业管理者关注组织公平、防范和纠正职场偏差行为提供了决策依据。在组织中，如果存在分配结果不公平、工作流程与工作程序不公平以及领导与下属互动间的不公平等事件，则有可能导致员工的职场偏差行为产生。这就给管理者提出一些启示：首先，管理者在日常的工作中尽可能建立公开、公平、公正的工作制度，若某些工作内容并不适合公开，则需尽可能采取“保密”措施，以减少员工由于对比而产生的不公平感知，进而达到防范和减少职场偏差行为的发生；其次，对组织的不公平感知，更容易导致出现的偏差行为是组织导向的职场偏差行为，即私自挪用公物、报假账、窝工、迟到、不服从领导安排、拖延工作进度、工作不努力等现象，管理者可在组织公平问题出现时有意识地防范该类职场偏差行为。

在外界环境快速变化、价值观以及员工选择工作能力增强等因素的影响下，员工对工作满意度的审视频率大幅度提升，员工对工作满意度的判定结果影响其态度和行为。若组织公平感降低则会使员工产生不满意感，这种不满意感进而会演变成员工对整体工作不满的感受。在不满意的工作状态下，较多员工会通过迟到、窝工、不努力工作、讥讽他人、偷窃等职场偏差行为释放内心的不满，以达到一种平衡。在工作中，管理者需要认识到组织公平会对员工满意度产生影响，进而会导致职场偏差行为的发生。

第二，为企业降低组织公平对职场偏差行为的负向影响提供了实践操作的新思路。员工就职于某组织，就会与组织形成关系网络。这种关系网络主要表现为员工的技能是否被组织需要、发展是否适合组织目标、是否与组织目标一致，员工与组织及成员间的关系如何，若离开组织可能遭遇损失的严重程度等方面。与组织关系网络密切的员工（即工作嵌入度高的员工）和与关系网络一般的员工在遭遇组织不公平事件时相比，能够降低职场偏差行为的发生率或降低职场偏差行为的危害程度。因此，管理者可以通过较为精准的员工培训制度使员工能力与组织需求相适应，通过较灵活的工作制度调整员工与组织的匹配度，通过相应的企业文化建立员工与组织的友好氛围，并帮助员工平衡家庭和工作的关系等多方面措施来提升员工与组织的关系网络，以期在组织公平事件发生时降低职场偏差行为影响程度，为企业营造健康可持续发展的内部环境。

第三，为更科学合理的组织公平文化建设提供依据。在社会网络化以及个人价值观等诸多因素的影响下，组织公平会越来越受到组织的重视。但组织公平应该关注哪些方面？从何做起？本书对组织公平的不同纬度与其他变量分别作了相关性研究，可为建设更为科学合理的组织公平文化提供依据和建设思路。

第四，可指导人力资源管理工作更加有针对性地实施。人力资源管理工作实质表现为选人、用人、育人、留人等。一些常规化的任务一般已经被以工作制度的形式规范化和条例化，如招聘流程及制度、绩效管理制度等各项管理制度；常规任务之外的工作以及无处不在且难以用制度规范的事项，如组织公平感知、职场偏差行为等虽然有多个理论和技术作为支撑，但在管理实施中却缺乏相应的依据和规则，在管理工作中依然是薄弱点。本书希望能将组织公平、职场偏差行为等研究成果纳入管理的条例制定中，并能逐步形成可操作性的制度，从实践方面提出政策和管理依据。这将有助于指导相关人力资源管理工作更加有针对性地实施。

对职场偏差行为的影响关系研究中，揭示职场偏差行为与组织公平、工作满意度以及工作嵌入的关系和路径，使管理者有意识地控制关键要素，以减少职场偏差行为的发生，这对组织防范、减少妨碍组织目标、给组织带来多种潜在危害的职场偏差行为的防范有重要的指导意义。

第三节 研究方法

本书采用了规范的研究范式，结合理论研究与实证研究的方式展开研究。研究遵照了“提出问题—提出理论和假设—采集样本—结果分析—验证假设——一般推论”的过程。在研究的过程中，主要研究方法如下：

一、文献研究法

在展开研究前，首先需要对相关的文献资料进行收集、鉴别以及整理。通过对文献的学习和归类研究等接受相关理论的指导，在理论指导中梳理了本书的研究思路，明确了本书的框架、方向以及研究方法等。本书对国内外的相关文献进行了回顾和梳理，总结和述评了职场偏差行为、组织公平、工作满意度、工作嵌入等研究的主要观点和实证结果。在此基础之上，以职场偏差行为理论的核心观点为主要研究对象，基于组织公平视角、工作满意度以及工作嵌入的研究成果构建了影响机制模型。

二、比较研究法

比较研究法是按照一定的标准，对两个及以上相关的同类型的事物或事件等进行异同比较和判断，通俗来说，即“比较和鉴定”。比较研究法是把要研究的事项进行分析综合—归纳演绎—分类类比，再揭示本质及规律的方法。本书在文献的研究和梳理中，对不同时间、不同场景中提出的组织公平与职场偏差行为的相关研究展开了比较和鉴定，对其理论和方法进行了异同点的分析，并对学者的观点做了综合评价，总结并借鉴了具有指导意义的认识规律。

三、实证研究法

实证主义的研究范式认为，科学理论的建立必须基于所观察到的事实。一般而言，实证研究法会客观地观察社会现象，并用数量化的表达方式对社会现象的运行规律做说明。现代的管理领域的实证研究法多数是从实验或问卷调查中获得数据，在统计分析的基础上得出研究结论。本书采用了访谈法和问卷调查法。

（一）访谈法

在确定研究方向以及问卷设计、讨论、发放等环节后，研究者与相关学者、同行以及企业员工等进行了较为深入的沟通和访谈。本书对企业员工进行了两个阶段的访谈。第一个阶段主要针对企业中的组织公平、职场偏差行为、工作满意度以及工作嵌入等问题的现状及影响因素进行了解，并根据访谈结果明确了初步的研究方向和框架。第二个阶段主要是进一步确认本书的研究模型以及研究内容。这个阶段的访谈任务是对前期调查的成果——问卷内容以及问卷题项的表述等进行了又一次沟通，并做了修订；对本研究涉及的变量在企业中的具体表现状况进行了非诱导性的验证性访谈；对访谈结果进行了整理和归纳，再次明晰了本书提出的研究思路，为正式的实证调研做了较为充分的准备。本书的理论假设实质上是基于文献研究得出的，访谈法是本书的辅助方法，因此本书并未对访谈法做较多的描述。

（二）问卷调查法

为了验证本书构建的理论模型和理论假设，本书用问卷调查法对数据进行了收集。在正式进行调研之前，预先经过了两次半结构化访谈和一次预调查，对问卷中的题项经过了合理化修订和初步筛选；在正式调查中，运用了便利抽样（Convenience Sampling）和滚雪球抽样（Snowball Sampling）两种抽样方法，以现场答题与网络答题两种方式收集了来自多个省份和地区的样本数据。

四、多元统计分析法

多元统计分析法（Multivariate Statistical Analysis）是对多个变量进行数理统计的理论和方法。管理领域的研究总会涉及多个变量，本书亦是如此。本书对多个变量的观测数据进行分析的方法实质上是多元统计分析法。多元统计分析方法主要包括线性回归方法、主成分分析方法、因子分析方法、偏最小二乘回归分析方法、相关分析、方差分析、时间序列分析以及聚类分析等。本书采用了 SPSS 对数据进行了判别分析、分类研究、因子分析、主成分因子分析、相关性分析、方差分析、偏最小二乘回归分析等；在本书中，涉及对多个自变量（分配公平、过程公平、互动公平）和因变量（组织导向职场偏差行为、人际导向职场偏差行为）进行分析，结构方程模型（Structural Equation Modeling，SEM）可同时分析多个自变量与因变量、自变量自身间的复杂关系[18]，本书采用了 AMOS 构建结构方程模型，并进行数据间的分析。

本书通过 SPSS 22.0 和 AMOS 23.0 对数据进行了相关的分析（见图 1–1），对本书提出的假设做出了“支持与否”的检验，构建了组织公平对职场偏差行为的影响机制模型。

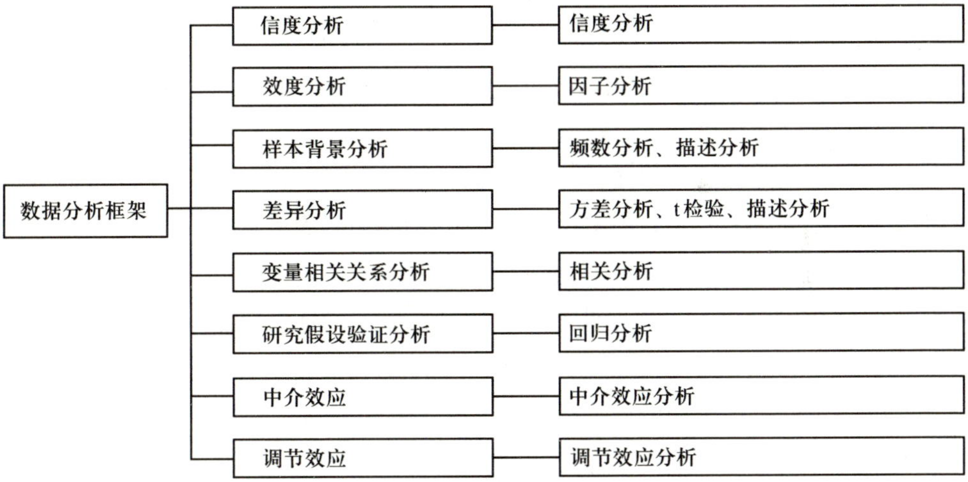

图1–1 数据分析框架

第四节 研究架构与技术路线

本书在综合分析国内外研究成果的基础上，理论演绎推导组织公平与职场偏差行为间的关系，这是本书的基础。采用实证的方法深入分析中国文化背景下组织公平对职场偏差行为的影响机制，揭示我国文化背景下组织公平对职场偏差行为的解释机制，构建出组织公平对职场偏差行为的影响机制模型，完善组织公平理论和职场偏差行为理论的研究体系。

本书共六章，各章的内容安排如下：

第一章，绪论。本章重点介绍了研究背景、研究目的及意义、研究方法、全书结构与技术路线以及主要创新点。

第二章，理论基础与文献综述。首先，对社会交换理论和情感事件理论作了简要的介绍，这是研究构建模型的理论基础；其次，对职场偏差行为、组织公平、工作满意度、工作嵌入等变量的概念、维度、影响因素等方面进行了文献梳理和回顾，并对每个研究变量分别作了研究述评。

第三章，理论假设及模型构建。本章通过对国内外文献的分析和研究，提出了组织公平对职场偏差行为影响的理论假设和研究模型。组织公平对职场偏差行为影响机制的理论假设，主要包括组织公平对职场偏差行为影响的理论假设、工作满意度的中介作用研究假设、工作嵌入的调节作用研究假设。

第四章，问卷设计与测量量表。本章对本书的研究方法——量表的选用、调查问卷的设计以及流程进行了较为详细的阐述。本书采用的测量量表主要是在国外成熟量表的基础上经过翻译、互译、讨论、预调查等环节后得到的。在问卷的编排中注意到社会赞许性和同源性误差问题，对测量量表进行了整合排序。

第五章，组织公平对职场偏差行为影响机制的实证分析。第一，进行了描述性统计分析，对样本的合理性进行了判断；第二，通过 Pearson 简单相关系数确定所有研究变量的相关性；第三，用了 AMOS 23.0 对工作满意度在组织公平分维度对职场偏差行为间的中介效应进行了分析和验证；第四，采用 SPSS 22.0，用层次回归分析检验了工作嵌入在组织公平分维度对职场偏差行为中的调节效应；第五，借助 SPSS 22.0，采用层次回归分析的方法检验了整体组织公平对职场偏差行为间的中介效应和调节效应；第六，对理论假设检验整体情况进行了汇总。

第六章，研究结论与展望。本章提炼了主要结论，指出本书的局限性、理论贡献、管理启示、主要创新点，并提出后续研究的展望和建议。

本书的技术路线如图 1-2 所示。

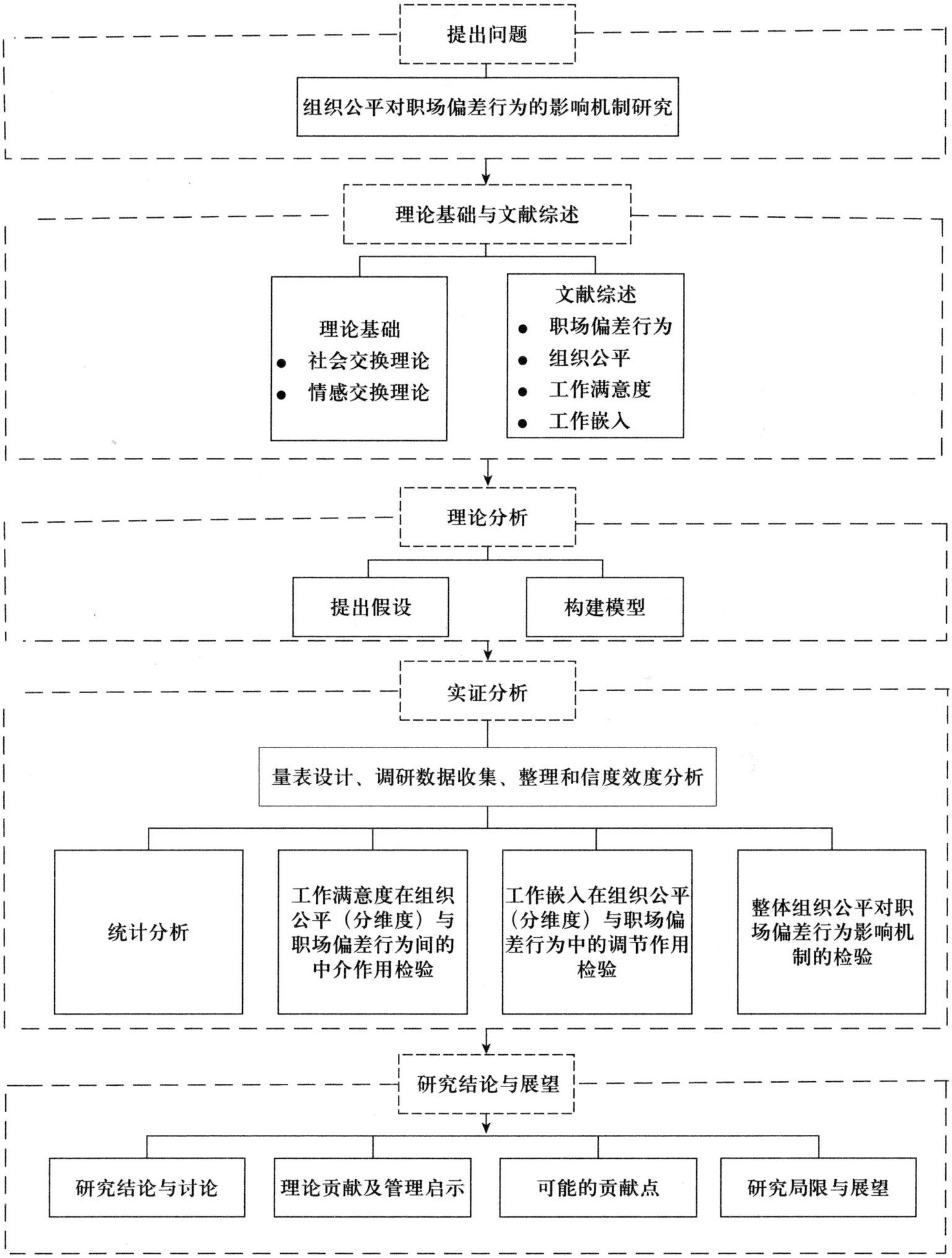
提出问题
组织公平对职场偏差行为的影响机制研究
理论基础与文献综述
理论基础
社会交换理论
情感交换理论
文献综述
职场偏差行为
组织公平
工作满意度
工作嵌入
理论分析
提出假设
构建模型
实证分析
量表设计、调研数据收集、整理和信度效度分析
统计分析
工作满意度在组织公平（分维度）与职场偏差行为间的中介作用检验
工作嵌入在组织公平（分维度）与职场偏差行为中的调节作用检验
整体组织公平对职场偏差行为影响机制的检验
研究结论与展望
研究结论与讨论
理论贡献及管理启示
可能的贡献点
研究局限与展望

图1-2　技术路线

第五节 主要创新点

本书在日益提升的公平意识和员工“跳脱”行为增长的当下，进行组织公平对职场偏差行为影响机制的理论分析及进一步研究，创新点主要有以下几点：

第一，本书用实证的方法丰富了组织公平理论和职场偏差理论。目前，我国本土企业的实证研究相对较少，现有的研究成果的结论并不一致，且大相径庭，当前组织公平、职场偏差行为等研究成果不能较好地支持学者和管理实践者从中探究。本书采用实证的方法对组织公平、职场偏差行为的影响机制进行了定量研究，丰富了该领域的研究。

第二，本书构建了组织公平对职场偏差行为的影响机制模型。当前并未见以工作满意度为中介作用的组织公平分维度（分配公平、过程公平、互动公平）对职场偏差行为（人际导向职场偏差行为、组织导向职场偏差行为）相关研究的文献报道，本书通过对组织公平与职场偏差行为、工作满意度、工作嵌入等变量的理论研究和实证研究，构建了以工作满意度为中介作用的影响机制模型，补充并完善了组织公平理论和职场偏差理论的研究，有利于深入理解二者的逻辑关系和理论探讨，有的放矢地指导管理实践。

第三，本书研究检验了工作嵌入在组织公平对职场偏差行为影响中的调节作用。在对文献的研究中发现，目前工作嵌入结果变量已从离职相关研究拓展到了组织工作绩效、组织公民行为以及自愿离职等行为的研究，鲜少见到与职场偏差行为做关联研究。本书将“工作嵌入”纳入研究范畴，并在数据分析后发现，工作嵌入在组织公平与职场偏差行为之间确实存在调节作用，拓展了组织公平对职场偏差行为影响研究的边界。

第二章　理论基础与文献综述

本章对研究的理论基础和研究变量做了文献综述。本书的理论基础是社会交换理论和情感事件理论；对职场偏差行为、组织公平、工作满意度、工作嵌入等变量的内涵、维度、前因变量以及结果变量等研究成果进行了较为细致的梳理。

第一节　理论基础

一、社会交换理论

社会交换理论（Social Exchange Theory，SET）在20世纪60年代兴起于美国，后广泛传播于全球，是以交换的观点诠释人类社会互动行为的理论总称，已被作为一种常见的解释机制来阐释不同领域用户行为的决策问题，是理解职场行为最具影响的概念范式之一[15]。该理论的代表人物有乔治·卡斯帕·霍曼斯（George Casper Homans）、彼得·迈克尔·布劳（Peter Michael Blau）、理查德·埃莫森（Richard Emerson）等。社会交换理论从人类学、经济学、社会学和心理学的角度看人际关系中的交换现象，认为人的一切活动都可归结为理性的交换活动，而交换质量的高低与其持续性受到双方交换报酬的影响[16]，这些报酬或奖励，既可以是物质层面的也可以是精神层面的。

霍曼斯的社会交换理论也被称为行为主义交换理论，该理论基于个体层面对组织中的社会交换从微观角度进行了解释。在职场中，员工与组织存在多种交换关系，如员工与组织、上司以及同事之间均会建立社会交换关系。员工与组织之间相互依赖关系的形成就是一种社会交换关系的形成[17]。员工完成任务时获得来自组织的报酬，即可理解为个体对组织的忠诚和贡献换取了组织对个体的关心与支持；完成领导下达的任务即可以获取领导的赞赏、表扬等；与同事间较好的合作，可以获得良好的人际关系以及在工作中更好地配合；等等。

也就是说，当员工认为自己得到相当的回应（即公平的对待）时，会以积极的工作态度和恰当的行为进行回报[18]，这种组织回报的交换既包括工资等经济型报酬，也包括安全、信任、赏识、支持等；当员工认为自己的付出未得到应有的回报，如组织处理事务不公平、上司处事不当，未给与自己应有的公平待遇时，则会基于消极互惠原则，采取消极策略或消极行为给予回击，用以“回报”组织、上司和同事，如用偷窃来抚平心中的不满[19]，以此降低自身的损失或者以期恢复公正。

从社会交换理论的角度看，当个体受到不公平对待时，往往会通过职场偏差行为予以回应。从社会交换理论视角能看到，人际交往中始终遵循着互惠原则和公平原则，这也是现实人际交往中的常态表现：一方施惠，另一方会通过各种方式回报施惠者，那么双方就会形成积极对待的交换互惠关系；相反，当一方感受到另一方的不当对待时，则会以“怨”回报，进而可能形成消极互惠[20]，这种消极互惠就会以一种不良的态度和行为表现出来，即职场偏差行为。

二、情感事件理论

情感事件理论（Affective Events Theory，AET）是在 1996 年由 Weiss 和 Cropanzano 提出的。该理论为组织行为研究领域提供了“事件”转换为“行为”的理论基础。情感事件理论认为，组织中除了工作事件，较为稳定的领导风格、组织公平等工作环境、工作特征也会引发积极事件或消极事件，进而影响员工情绪[21]，员工的个体特征等因素也会影响员工情绪[22]。这种“引起或激发员工与工作相关的目标、事件或事情的评价，或能使员工的相关情绪产生反应的事件”就是情感事件。

Weiss 和 Cropanzano 认为，情感事件一般会形成两种结果（见图 2-1）：一是使员工直接产生某些行为（即情感—驱动行为），其路径为“事件—行为”[22]。正如 Spencer 等认为：不公平感之所以会引发职场偏差行为，可能是源于员工对组织的情感与认知被破坏；二是由某事件形成了员工的某些认知或工作态度，由这种认知或工作态度产生了行为事件（即判断—驱动行为），其路径为“事件—态度—行为”[23]。Spector 和 Fox 认为，当组织表现出较大的压力以及不公平环境时，员工会产生消极的情绪，进而更可能产生职场偏差行为[24]。情感事件理论解释了“某些事情、事件的发生，继而使一些相关事件更易于发生”的机理。

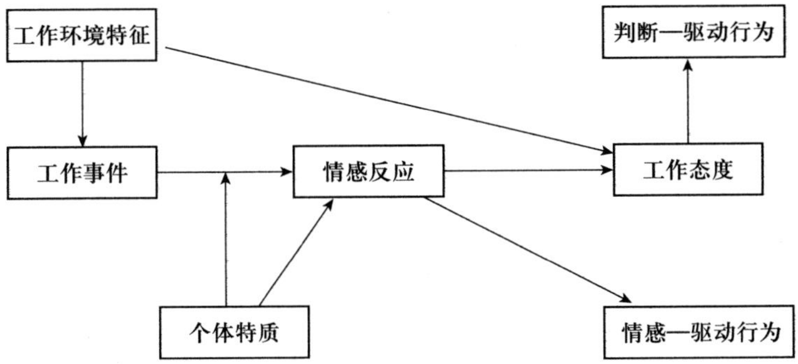

图2-1　情感事件理论宏观结构

对于情感事件理论，其解释机制为：工作环境特征可能会促使工作中发生积极事件或消极事件[23]，从情感事件的角度分析，个体特质可以引发个体的情感反应，进而对员工的工作态度和行为产生影响[22]。情感反应对员工的个体行为可能产生双重影响，如无聊的情感反应，既可能引发员工的组织公民行为，也可能引发职场偏差行为[25]。

组织公平作为组织的工作环境特征，组织公平事件可能会引发员工产生某种情感，继而影响员工的态度和行为，促使职场偏差行为发生。因此，研究和实践管理中忽略了情感事件对员工的影响，忽略职场偏差行为的情绪动机会使其治理效果大打折扣[24]。

第二节　文献综述

一、职场偏差行为的文献综述

“偏差”一词是舶来品，在牛津词典中的释义为“大多数人认为是不正常的或不可接受的行为”，这种多数人认为是偏差的行为被称为偏差行为，是一种消极的行为。偏差行为（Deviant Behavior）可能是偏离道德约束，可能是偏离社会、组织（群体）的制度、规范、行为准则等，也可能是偏离社会、组织（群体）的非正式的规范。因此，偏差行为在心理学、犯罪学、政治学、社会学、伦理学、管理学等学科都有应用，每个领域都从各自的学术观点和角度对其做特定的解释，赋予相应的意义。

（一）职场偏差行为的内涵

1911年，科学管理之父弗雷德里克·温斯洛·泰勒出版的《科学管理原理》书中，就提及过“磨洋工”“出工不出力”等职场中的消极工作行为。此后，这种损害组织或个人利益的、员工主动发出的、对组织产生消极影响的工作行为逐渐被管理者和学者关注。20世纪80年代后，随着对这种组织中的消极工作行为的关注，管理领域逐渐出现了消极工作行为的研究成果。由于多种消极行为的发出主体所处工作领域不同且各具特点，研究者的研究领域、概括水平和层次等方面也存在差异，形成了当前对这些消极工作行为在概念界定和内涵认知上的区别及差异，存在多种内涵相似的称谓[26]，到目前为止，职场中消极工作行为的“称呼”呈现出“林立”的状态。这种“林立”现象表明消极工作行为受到了学术界的广泛关注，但这种各抒己见的状态以及研究成果的重叠、交叉，在一定程度上困扰着后来的研究者和学习者。学者发现，无论这些概念是从什么视角提出的，它们的测量内容和所反映的行为在本质上都存在着很大程度的重叠。这些表述及含义模糊不清的消极工作行为在研究领域、概念、层次等方面存在着差异，这些行为或对组织成员具有伤害性或降低组织的运营效率，这些行为的区别只是术语命名和理论基础不同而已[27]。这些含义相似的消极工作行为此处不再赘述，如表2–1所示。

表2–1　消极行为相近概念对比表

名称	学者（年份）	含义
反功能行为	Jaworski 和 Young（1992）	员工故意违反组织的控制系统、规则和程序的行为，且这种行为对组织功能不利，会损害组织的任务绩效
职场偏差行为	Bennett 和 Robinson（1995）	违背组织重要的规则、规范，威胁组织及其成员利益的自愿性的行为
组织不当行为	Vardi Wiener（1996）	组织成员有意违反组织内部规范和组织期许以及社会规范、风俗的行为
职场攻击行为	Baron 和 Neuman（1996）	组织成员有意对组织成员／组织造成伤害的行为
组织报复行为	Skarlicki 和 Folger（1997）	组织成员在感知到不公平对待后，对组织或组织代表采取的惩罚性行为
反社会行为	Giacalone 和 Greenberg（1997）	任何有意给组织、组织成员以及所有组织利益相关者的利益造成损害的行为

续表

名称	学者（年份）	含义
反生产行为	Spector 和 Fox（2002）	组织成员有意做出的对组织的合法性利益产生损害，并阻碍组织目标实现的各种行为
不良行为	Griffin 和 O'Leary-Kelly（2004）	各种故意且可能会伤害组织或组织中的成员的行为

资料来源：笔者根据文献整理。

在本书中，职场偏差行为的定义采用 Bennett 和 Robinson 的定义（Workplace Deviance Behavior，WDB），即违背组织重要的规则、规范，威胁组织及其成员利益的自愿性的行为[2]。职场偏差行为有以下四个特点：

（1）行为发出的主体是员工。对于组织而言，研究主体是在职员工，非在职及非本组织员工发出的行为不在研究之列。

（2）发出行为的意愿是主动发出、自愿的。被迫发出的行为不在研究之列，无论是外显的被迫行为，还是由内隐的心理压力带来的被迫行为，均不在研究之列。

（3）发出的行为是违背组织规则、规范的。职场偏差行为确定了其范围——组织，职场偏差行为是指员工行为违背了组织规定的行为准则、规则、规范等，而非道德层面、主流价值观等。比如，组织要求员工不得将本组织危害公共安全的秘密告知组织外的他人，但员工告知了他人，甚至向有关部门进行了举报。这种违背组织规则、规范的行为对组织而言就是职场偏差行为。

（4）危害组织及他人利益。职场偏差行为会给组织带来消极作用，譬如会产生削弱绩效、破坏员工合作、使员工稳定性变弱等多种影响，甚至会给组织的经济利益或形象等带来危害。

（二）职场偏差行为的结构维度

结构维度研究是职场偏差行为领域中的两大基本问题之一[28]，职场偏差行为的结构维度之争至今未休，贯穿职场偏差行为的研究过程中，其结构维度与“产出相关”密切关联。20 世纪七八十年代，企业最为关注的主题是“财物”和“绩效”，于是，职场偏差行为结构维度的最初划分清晰地展现出了财物相关和绩效相关的内容；20 世纪 90 年代至今，随着对职场偏差行为的深入研究，其结构维度的划分逐步从“表象”分析进入原因分析，其结构维度划分中出现频率较高的有组织、财物、人际、生产 / 任务等词，有单维度、二维度、三维度和五维度等划分，依据这些维度，又涌现出了多种职场偏差行为的分类，结构维度的研究为职场偏差行为领域增添了浓重的色彩。

Robinsion 和 Bennett 两位学者为职场偏差行为的研究拓宽了思路。1995 年，两位学者在 Hollinger 和 Clark 的财产偏差行为和工作偏差行为二维划分基础上进行了拓展分析，发现组织活动中的要素——人的因素被忽略了[19]。于是，采用多维测量分析法（Multidimensional Scaling Analysis），把“人”纳入研究视野中，对职场偏差行为的类型进行了开发。经过列举偏差行为—专家评价与选择题项—问卷发放及数据整理等一系列科学、严谨的研究后，Robinson 和 Bennett 从“组织—个体”“轻微—严重”的二维结构中，将职场偏差行为分为生产偏差行为（Production Deviance）、财产偏差行为（Property Deviance）、政治偏差行为（Political Deviance）和个人偏差行为（Personal Deviance）四个分类。生产偏差行为是轻微的组织导向的职场偏差行为，是指在组织规范不允许的情况下，发生的对组织较轻伤害的行为，如早退、延长休息时间、延迟工作、浪费资源等；财产偏差行为是严重的组织导向的职场偏差行为，是指员工违反组织规范，实施的破坏组织财产的行为，如接受回扣、故意破坏设施、偷窃公司财物、谎报工作时间等；政治偏差行为是轻微的人际导向职场偏差行为，主要指在组织规范不允许的情况下发表不当言论，如偏袒、散布谣言、责怪同事等行为；个人偏差行为是严重的人际导向的职场偏差行为，是在组织规范不允许的情况下表现出的行为，对组织中的其他人采取攻击性甚至违法的行为，如言语侵犯、偷窃同事财物、伤害同事、性骚扰等，如图 2–2 所示。

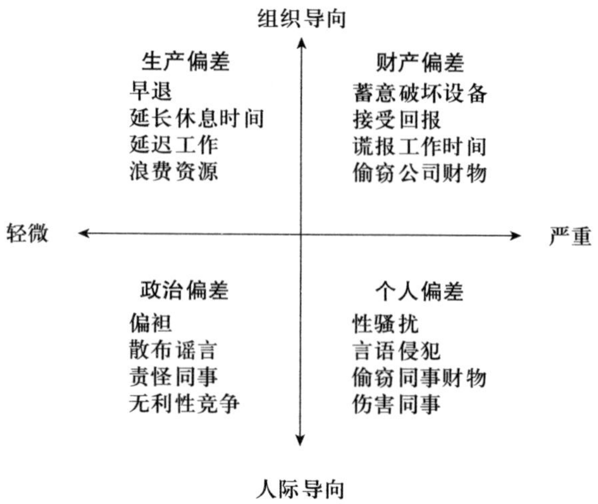

图2–2 Robinson和Bennett的职场偏差行为分类

2000 年，Robinson 和 Bennett 深化了职场偏差行为研究，对之前的分类提出修改。他们认为，行为危害程度的轻微与严重仅是“量”的衡量，并无质的区别。此时，二人修改了原本的职场偏差行为的四类行为划分，提出了当前学者普遍认可的二维度划分[29]，即组织指向的职场偏差行为（Organizational Deviance，WDB-O）和人际指向的职场偏差行为（Interpersonal Deviance，WDB-I）两个分类，该二维模型最受学者们认可[30]，被学者们普遍采用，被誉为“最经典的维度理论”[31]。组织导向的职场偏差行为是员工对组织发出的并会对组织产生伤害的偏差行为；人际导向职场偏差行为是直接对组织中的员工发出并会产生伤害的偏差行为。

我国学者对于职场偏差行为的防范或治理也进行了研究。刘善仕以 Robinson 和 Bennett 维度划分为基础，认为中国文化背景下很难从偏差行为的“轻微—严重”角度区分人际型偏差行为和政治型偏差行为[32]。在对来自上海、广州、武汉、北京、南京、沈阳等城市的 443 份有效样本进行实证分析后，将职场偏差行为分为生产型偏差行为、财产型偏差行为和人际型偏差行为是彭贺针对特定的研究对象，对职场偏差行为的结构维度和分类展开了研究[28]。他以广州、上海、长沙等地的 198 名高科技企业中的知识型员工为样本，用多维尺度法对职场偏差行为进行分类，认为知识员工的职场偏差行为的结构维度从危害程度（轻微—严重）和道德（道德—不道德）两个维度进行划分。然后，将职场偏差行为划分为人际指向、组织指向、消极式任务指向和激进式任务指向四类职场偏差行为。杨杰等采用多维量表分析法和聚类分析法进行结构分类研究后，将职场偏差行为分为生产型过失、损公肥私、违法行为和合作破坏行为四类[33]。

从职场偏差行为的结构维度研究进程中可以看到职场偏差行为维度的复杂性。部分职场偏差行为结构维度及分类如表 2-2 所示。

表 2-2 职场偏差行为结构维度及分类

维度	学者（年代）	职场偏差行为的分类
单维度	Mangione 和 Quinn（1975）	故意损害组织财物、低质量的工作产出
	Wheeler（1976）	严重破坏行为、非严重破坏行为
二维度	Hollinger 和 Clark（1982）	财产偏差、生产偏差
	Robinson 和 Bennett（1995）	生产偏差、财产偏差、政治偏差、个人偏差

续表

维度	学者（年代）	职场偏差行为的分类
二维度	Robinson 和 Bennett（2000） Yu 等（2019）	人际偏差行为、组织偏差行为
	刘善仕（2004）	财产型偏差、生产型偏差和人际型偏差
	彭贺（2011）	人际指向、组织指向、消极式任务指向、激进式任务指向
	张永军（2012）	损公肥私、合作破坏行为
三维度	Lenman 和 Simpson（1992）	敌对工作行为、心理撤退行为、生理撤退行为
	Hunt（1996）	不守规矩、偷窃行为、药品和酒精滥用
	Warren（2003）	破坏性遵从、建设性偏差、破坏性偏差
四维度	杨杰和卢福财（2010） 杨杰等（2011）	生产型过失、违法行为、损公肥私、合作破坏行为
五维度	Spector 等（2006）	辱虐他人、生产偏差、破坏、偷窃、撤退

资料来源：笔者根据文献整理。

（三）职场偏差行为影响因素的研究状况

由于职场偏差行为是员工主动发出的、对组织或个人有伤害的行为。因此，职场偏差行为的研究重心更多地偏向其前因变量的研究，探讨导致组织出现职场偏差行为的原因。经过对文献的梳理和分析，发现其前因变量的分析可以归结为三类因素：员工的个体因素、员工所处的组织因素（与组织管理相关）、情境因素。

1. 个体因素

导致出现职场偏差行为的个体因素一般从大五人格、人口统计特征、人格特质及个体情绪等方面进行研究。从文献梳理结果看，大五人格最常用来分析职场偏差行为的个体因素，研究成果也较为丰富；人口统计特征较常见于用作控制变量，但也会作为变量研究其与职场偏差行为的相关性；较为少数的人格特质及个体情绪被学者用于职场偏差行为的相关性研究。

自 1963 年诺曼（Norman）提出人格五因素模型（Norman's Five Universal Factors）到 20 世纪 80 年代，学术界形成了较为一致的五大因素观点——大五人格（The Big Five Personality）。大五人格包括外倾性（Extraversion）、神经质 / 情绪稳定性（Neuroticism）、尽责感（Conscientiousness）、宜人性（Agreeableness）和开放性（Openness）五项人格维度。此五大因素构成了所有人格因素的基础，能够解释人格当中的大多数变异[35]，从相关的研究成果看，对职场偏差行为具有明确的预测作用。在大五人格对职场偏差行为的研究中，第一种研究角度是将大五人格与职场偏差行为进行相关研究，第二种研究角度是将大五人格与某种具体的职场偏差行为作相关性研究。如 Mount 等发现，尽责感、宜人性和神经质对个人职场偏差行为有显著影响[36]；Berry 等提出，宜人性、尽责感和神经质与职场偏差行为间的相关性显著高于开放性和外倾性特质，且尽责感与组织导向职场偏差行为的相关性最强，而宜人性与人际导向职场偏差行为的相关性最强[37]；刘文彬等发现，神经质对职场偏差行为具有显著的正相关关系，宜人性和尽责感对职场偏差行为具有显著的负相关关系[38]。从第二种研究角度的研究成果可见：宜人性、尽责感和神经质与缺勤、渎职、不遵守规则、逃避责任、资源滥用等职场偏差行为间存在显著的相关关系；尽责感、宜人性和神经质与员工的离职、行为不检点、缺勤、滥用资源、破坏财物及其他违反要求的行为间存在显著相关关系等[39]。无论从哪种角度对职场偏差行为作研究，都一致认为尽责性、神经质和宜人性对职场偏差行为存在显著相关关系，且一些大五人格因素与具体的职场偏差行为密切相关。

2. 组织因素

在研究组织因素与职场偏差行为中，学者们关注的重点表现为与领导有关的研究以及组织公平等因素。

一些学者研究了领导—成员交换（Leader-member exchange，LMX）关系对职场偏差行为的影响。LMX 自 1972 年被 Graen 等提出后，就备受关注。LMX 认为，组织的人际间存在亲疏远近，领导者与成员间也不例外，在领导者对组织成员的不同管理风格中，形成了不同的 LMX 类型。高质量 LMX 下，二者间存在良性的互动：领导给予成员更多的信任和帮助，抑或是报酬和特权。成员则会回报领导以较高质量的支持，并可能回报以更优质的绩效结果；若成员感知到低质量的 LMX，则可能回报以怠工、拉帮结派等职场偏差行为。詹小慧等研究了 LMX 差异化对职场偏差行为的影响[40]。Erdogan 和 Bauer 在对差异化领导—成员交换关系研究的过程中，将组织公平作为调节作用进行了分析[41]。从学者的研究成果看，无论是在中国还是在国外的组织情境，LMX 对职场偏差行为具有显著负向影响。

辱虐管理（Abusive Supervision）是被员工感知到的管理者带有敌意的言语和非言语的行为，但不包括身体接触行为[42]。如对下属漠不关心、公开批评嘲弄下属、轻视和贬低下属等行为。从文献中得知，学者普遍认同辱虐管理与职场偏差行为存在显著的负向关系，且多数学者在对二者关系进行研究时引入了中介变量或调节变量。如刘军等认为，辱虐管理对下属离职倾向具有显著的负向影响，对下属政治技能起调节作用[43]；颜爱民和高莹提出，辱虐管理对组织/人际导向职场偏差行为均具有显著的正向影响，组织认同起部分中介作用[44]；马吟秋等认为，辱虐管理对职场偏差行为有显著的正向预测作用，心理契约破裂在辱虐管理与职场偏差行为间起中介作用，员工的自我建构起调节作用[29]；肖增瑞和郭东杰将辱虐管理分为显性辱虐管理和隐性辱虐管理，继而对辱虐管理、绩效归因与下属偏差行为进行了研究[45]。

在领导相关理论与职场偏差行为的研究中，领导风格与职场偏差行为间的关系研究是另一关注点。如我国学者高日光和孙健敏对破坏性领导与职场偏差行为进行了研究[31]；于静静等研究了不当督导对职场偏差行为的作用机制[46]；侯曼和武敏娟对价值理性视角下家长式领导与新生代职场偏差行为的关系进行了研究[47]；刘文彬等采用跨层次分析法研究了差序式领导行为对职场偏差行为的影响机制[48]。

组织公平也是职场偏差行为的前因变量之一。较多的学者针对不同的情境对组织公平与职场偏差行为的关系进行了研究，如 Skarlicki 和 Folger 研究了组织公平三维度分别对职场偏差行为的作用[49]；Fox 等在工作压力背景下，以自主性和情绪等因素作为中间变量，研究了组织公平对职场偏差行为的影响[50]；Akremi 等研究了组织公平、社会交换关系对职场偏差行为的作用[51]；Tziner 等对情绪智力、工作动机、组织公平与职场偏差行为的关系进行了较为深入的研究[52]；Hashish 对特定职业人群——护士的组织公平感与职场偏差行为的关系进行研究[53]；彭草蝶等以广东民营企业为样本，探究了苛责式督导、组织公正与员工偏差行为的关系[9]；余璇和陈维政将组织信任和组织自尊作为中间变量，对整体公平感与职场偏差行为间进行了研究[54]。刘玉新等研究了自我决定视角下，组织公正对职场偏差行为的影响机制[55]。还有学者在对组织公平和职场偏差行为进行分析后，提出了相应的管理策略，如陈春花和刘景龙分析了组织公平视角下的职场偏差行为的管理策略[56]。

辱虐管理、领导风格、组织公平等均可能会带给员工不良的心理感受。除去容易导致负面情绪和负面行为的组织层面的前因变量外，学者对于被看作积极心理状态的组织承诺[19, 57]对职场偏差行为的影响也作了研究。

3. 情境因素

近二三十年来，学者将员工由于情境改变个人感知而影响职场偏差行为的因素归纳为情境因素。本书通过对学者们研究成果的分析和梳理，此处对工作压力、工作机会以及心理契约破裂等情境因素进行分析。

第一，工作压力。Caplan 和 Jones 提出，个体在工作情境中产生的紧迫感就是工作压力[58]。组织中难以胜任工作、过大的工作负荷、较复杂的工作任务、对本工作角色的模糊以及角色冲突等都可能使员工感受到工作压力，这种压力是导致职场偏差行为的非常重要的前因变量之一。Fox 等指出，工作压力是导致职场偏差行为的重要因素[50]。职场中，一些被称为工作压力源的事件会被时刻关注（如威胁个人、薪资和福利），这种事件影响员工的心理和行为，进而会促使员工为对抗组织而产生消极行为。Spector 和 Fox 提出，在组织中无论是领导还是员工，其工作负荷与职场偏差行为的关系都呈显著正相关关系[24]；Chen 和 Spector 提出，作为工作压力源的工作角色模糊及角色冲突、人际关系、情境等因素显著正向影响人际攻击、破坏、偷窃、敌意和抱怨、离职意愿等职场偏差行为[59]。

第二，工作机会。工作机会（Job Opportunity）是员工对自己在组织内部或组织外部获得工作机会的感知。这些工作机会对员工而言不仅是职位的变迁、组织的认可，而且可能是员工的职业发展路径。Doeringer 和 Piore 认为，依据组织的规章、制度和规范等形成的内部劳动力市场，不但使员工获得新的工作机会，而且保障了员工的升迁和薪资[60]。Rusbult 等提出，外部工作机会与员工的早退休及离职倾向成正比，原因是外部选择机会给员工带来了离职倾向；当感知到较少的外部工作机会时，员工会倾向于被动地采取等待行为或被动地让工作状况持续低迷，进而可能发生职场偏差行为，如拖延工作、缺勤等[61]。Withey 和 Cooper 研究发现，当外部工作机会较高时，员工会降低当前的工作意愿，容易实施职场偏差行为[62]。由此看来，工作机会与职场偏差行为存在些许关系。

第三，心理契约破裂。心理契约是员工对雇佣双方遵守承诺并履行承诺的信念[63]。当前内部、外部环境的快速变化导致组织对员工的承诺无法兑现的事件和概率增大，这使得员工对组织产生怨念，加大了心理契约破裂（Psychological Contract Violation）的可能性。心理契约破裂会对员工的情感、态度和行为等产生影响，进而可能引起职场偏差行为。Turley 和 Feldman 发现，心理契约破裂导致忠诚度降低，并易使员工发生抱怨和忽视工作等职场偏差行为[64]。张永军提出，心理契约破裂与组织导向职场偏差行为和人际导向职场偏差行为显著正相关，并且对组织导向职场偏差行为的解释力更高；组织政治知觉与组织导向职场偏差行为和人际导向职场偏差行为呈显著正相关[65]。

第四，其他方面。在对职场偏差行为的前因变量的研究中，学者们的关注度越来越大，如组织支持知觉、组织伦理氛围、高绩效工作系统等因素被学者纳入了职场偏差行为的前因变量中。如刘文彬和井润田对中国企业的356个样本进行分析指出，自利导向和规则导向组织伦理气氛与多种类型的职场偏差行为显著相关，而关怀导向的组织伦理气氛与职场偏差行为的多个维度间的关系并不显著[66]。王娟等认为，高绩效工作系统通过影响员工心理契约违背进而减少职场偏差行为[67]。学者们的多角度研究为我们加深理解职场偏差行为提供了更多的帮助。

部分职场偏差行为的前因变量的相关研究如表2-3所示。

表2-3 职场偏差行为的前因变量

影响因素	变量	学者（年份）
个体因素	大五人格	Norman（1963）；Judge等（2002）；Mount等（2006）；Berry等（2007）；Spector（2011）；刘文彬等（2014）
	人口统计特征	Greenberg（1990）；Murphy（1993）；张永军（2012，2013）；Martinko等（2013）；赵君和蔡翔（2014）；陈红等（2016）；赵君、赵书松（2016）
组织因素	领导—成员交换关系	Erdogan和Bauer（2010）；彭正龙等（2011）；詹小慧（2019）
	辱虐管理	Tepper（2000）；林芳敏（2008）；刘军等（2009）；颜爱民和高莹（2010）；马吟秋等（2017）；肖增瑞和郭东杰（2020）
	领导风格	侯曼、武敏娟（2018）；刘文彬等（2020）
	组织公平	Greenberg（1990）；Robinson和Bennett（1995）；Skarlicki和Folger（1997）；Spector和Fox（2001）；Skarlicki等（1997）；Masterson等（2000）；Robinson和Bennett（2000）；Cohen和Spector（2001）；Akremi等（2010）；毛军权、汤馥萍（2012）
情境因素	工作满意度	Mangione和Quinu（1975）；Chen和Spector（1992）；Bolin和Heatherly（2001）；Lau等（2003）；Dalal（2005）；曹羽男（2005）；Mount等（2006）；Judge等（2006）
	工作压力	Chen和Spector（1992）；Fox和Spector（2001）；Fox等（2001）；Spector等（2010）
	工作机会	Rusbult等（1988）；Withey和Cooper（1992）；Turnley和Feldman（1999）
	心理契约破裂	Turnley和Feldman（1999）；Lo和Aryee（2003）；王娟等（2018）

资料来源：笔者根据文献整理。

（四）职场偏差行为的研究述评

总体来看，国内外学者在半个多世纪以来较多地关注了职场偏差行为的研究，而职场偏差行为是组织中人的行为，必然受到经济发展、社会进步、个人价值观等诸多因素的影响。在多种因素——如不同阶段中的职场偏差行为重心、研究者的研究视角以及研究对象选择等差异的制约下，当前国内外学者在概念界定、维度划分、关系研究等方面的研究成果及不足表现如下：

1. 概念界定、维度划分未统一，但可合并研究

从 1975 年 Mangione 和 Quinn 对职场偏差行为的研究到如今，职场偏差行为的含义并没有发生明显改变，其内涵是“员工故意违背组织规则、规范，发出的危害组织、他人的行为”，其维度划分一直存在二维度、三维度和四维度之分，研究围绕着工作任务、组织导向、人际导向等要素。从文献研究中得知，Robinson 和 Bennett 在 2000 年的分类法非常鲜明地指出了职场偏差行为的面向对象——个人或者组织。该分类不但划分明确、概括到位，使职场偏差行为在未来的发展中保留了较好的拓展余地，而且简单明了，使职场偏差行为的面向对象一目了然。之后的诸多学者在职场偏差行为的进一步研究中，大多是在此维度划分基础上进行的研究，该分类法受到了学者们的普遍认可[30, 31]，因此，本书采用了此分类方法，即职场偏差行为分为组织导向职场偏差行为（WDB–O）和人际导向职场偏差行为（WDB–I）。

2. 研究方法

既采用了文献研究法等方法进行定性研究，又有量化研究的方法。量化研究采用了问卷调查法、个案访谈法等方法获取数据，数据分析方法包括多维测量分析法、元分析法、SPSS、AMOS 等方法。

3. 研究区域

我国国内研究区域多集中在我国东部、东北以及一些经济较发达的地区。刘善仕对广州、上海、北京、武汉、沈阳、南京、南宁等一些城市的员工进行了相关研究[32]；彭贺对上海高科技企业进行了调研[28]；赵君和赵书松等针对武汉地区的国有企业、民营企业、外资企业进行了研究[68]；赵君和蔡翔对武汉制造型企业进行了研究[13]。在研究区域上缺乏对西部经济欠发达地区的相关研究。

二、组织公平的文献综述

自 1965 年 Adams 首次提出分配公平后，组织公平逐渐被国内外管理者关

平感与组织公民行为、工作满意度、信任、组织承诺、工作绩效、离职意向等组织效果变量具有相关作用。学者们分别将组织公平的不同维度与一些组织效果变量进行相关分析，发现过程公平、分配公平、互动公平对职场中的员工行为影响力存在差异性[81]。有学者认为，分配公平对离职意向、工作满意度等个人判定的结果预测力更强，过程公平对组织公民行为、组织承诺等与组织有关的结果预测力更强，互动公平对管理者承诺、满意程度等与管理者相关事件的关系性更强。邢以群和方健俊以广东 150 家企业的 1200 份问卷为样本进行分析得出，组织公平三维度结构在中国文化背景下是适用的[82]。

4. 四因素论

四因素论认为，组织公平分为分配公平、过程公平、人际公平（也有学者称之为领导公平，本书统称为人际公平）以及信息公平等维度[83]。1990 年，互动公平被 Greenberg 分解为人际公平（Interpersonal Justice）和信息公平（Informational Justice）。至此，组织公平的四因素论正式被提出。持该观点的学者认为，在与员工（主要是上司）交流中，“互动”可以从上司对待下属的态度和给予下属的工作信息两方面看，于是把互动公平分为人际公平和信息公平。信息公平关注执行程序和决定结果的管理者对传递、解释与员工相关的分配程序及结果信息的公平程度；人际公平是员工对管理者是否尊重自身的感知。

组织公平的结构维度如表 2-4 所示。

表 2-4 组织公平结构维度

维度划分	结构及内容	学者（年份）
单因素	将组织公平作为一个整体概念研究	柯丽菲等（2007）[84]；Ambrose 和 Schminke（2009）；胡翔等（2014）
双因素	组织公平包括分配公平和过程公平	Thibaut 和 Walker（1975）；Greenberg（1990）；李超平、时堪（2005）；李前兵（2008）；朱天一（2012）；钱爱民等（2014）
三因素	组织公平包括分配公平、过程公平以及互动公平	Bies 和 Moag（1986）；Niehoff（1993）；Masterson 和 Lewis（2000）；李艳华、凌文辁（2006）；马力、曲庆（2007）[85]；秦志华等（2013）；邢以群、方健俊（2013）；张冉（2015）[86]
四因素	组织公平包括分配公平、过程公平、人际公平以及信息公平	Colquitt（2001）；刘亚等（2003）；魏新、杨俊（2012）；任华亮等（2015）[87]

资料来源：笔者根据文献整理。

学术界对于组织公平三因素论和四因素论较为认可，本书对组织公平的分析以三维度划分为基础。理由如下：①单因素论和双因素论已被广泛认为结构不全面；②三维度划分中，每个公平维度均有单一来源、覆盖全面，且划分明确，即分配公平源于具体分配结果，过程公平源于组织，而互动公平则源于管理者；③ Colquitt 和 Shaw 提出，测量中若人际公平和信息公平的相关系数高于 0.70，则二者应该合二为一成为互动公平[88]。在实际中，人际公平和信息公平的相关性往往高于 0.7[89]；④在四维度的划分中，人际公平与信息公平的发出者均为“领导”，在理论上虽然可以区分公平的内容，但在实践中对同一发出者的“公平”因素进行区分，实属不能也无太大意义。因此，本书是在组织公平三因素的维度划分上进行研究的。

（三）组织公平的因果变量

1. 组织公平的前因变量

公平在组织中是一个重要的话题，员工对组织是否公平的认知判断受诸多因素的影响，总体来看，主要可以归结为文化背景和领导风格的影响。

中国文化中的角色关系和差序格局影响员工对组织和个体的认知规则[90]。在西方文化中，组织是一个抽象存在的实体；自我是作为人的本质存在的，是不依赖任何社会关系存在的独立个体，其描述的自我是独立的自我，无关好友、亲人和同事等[91]。在中国文化下，组织是员工赖以生存和发展的平台，会倾注员工的情感在内；中国文化下的自我明显区别于西方文化，认为自我并非独立，是在与他人的关系中确立的，是在人情中建立和实现的[91]，自我即各种角色的我。中国人的自我除了独立自我的内容外，还强调好友、亲人和同事等的关系[90]。在这种不同的东西方文化影响下，员工对公平法则的不同判定，影响着员工对于公平的认知。跨文化心理学研究认为，西方文化强调的公平是合理法则，对事情的公平判断做出理性和符合逻辑的判断，存在绝对公平。在这种理念下，公平会趋于理想公平。在传统中国文化中，绝对的正义标准实质上并不存在，用于判定不同对象的公正标准实质上也存在差别[92]，组织中的公正在本质上也并不是利益分配的理性法则，其实质是调节人际关系规范的存在。中国文化的公平法包含合理、合情以及合情合理。

在领导—成员交换（Leader-member exchange，LMX）关系的研究中，LMX 与组织公平显著正相关，学者提出领导与下属关系的亲疏有别可能给组织带来不公平的结果[85]。这种不公平表现在与领导交好的下属可能给予领导较高的评价，而领导也会给予下属高于现实的评价，这些下属会高于实际评价领导是否公平（即互动公平）。在关系盛行的组织中，这种互惠现象可能尤其严重[85]。领导对下属的差异化对待不仅体现在日常工作中，而且体现在绩效公平中。组织公平中的过程公平、互动公平等要求领导者“一碗水端平”，而LMX的差别化破坏了公平规则。这种领导与下属间的差异化对待，不但引起了公平领域的关注，而且形成了组织行为领域的“圈内人”“圈外人”的研究。因此，领导公正对保障组织公平和提升管理效能尤为重要[81]。

2. 组织公平的结果变量

组织不公平可以对组织若干问题产生影响，这些问题可以归结为绩效结果、集体意识和个人价值三个方面。绩效结果是衡量个人、群体或组织产出结果的品质与数量，比如个人绩效、组织绩效等；集体意识主要指个人和群体对组织的认知和情感，包括组织认同、组织承诺[93]、组织公民行为等；个人价值方面主要指个人在组织中对自我的感受，包括个人受尊重的程度、工作满意度、自我实现程度、职场偏差行为等。

当员工感受到组织公平时，提升对工作的满意度；同样，当员工感受到组织不公平时，会降低对工作的满意度。Tyler认为，工作满意度的提升来自员工感知到与组织间的信任感[10]。这缘于员工更看重组织中的过程公平，若感知到组织中的过程公平，则会认为被组织信任和重视，这种自我感知到的组织间的信任感会促进员工较强的利他主义工作动机，进而促使工作满意度的提升。

在组织公平的结果变量研究中，以个体行为为研究主体的结果变量主要是职场偏差行为[81]；组织不公平很可能导致危害组织的职场偏差行为发生[51, 77, 94]，且组织不公平是引发报复动机的主要原因之一，甚至是导致组织报复行为的直接原因[95]，这种组织公平引起报复行为的原因是感知到的组织不公平使员工原本对组织的情感和认知发生破坏，从而引发其负向行为[23]。心理学认为，报复行为的产生源于行为人在利益受损或需求受挫的情况下，对妨碍对象施行的惩罚性行为。Dalal用元分析方法对组织公民行为与职场偏差行为间的关系进行研究后提出，组织公平显著负向影响职场偏差行为[57]。诸多基于实证研究的学者提出：组织公平感对职场偏差行为有显著影响和预测作用[18, 53, 55, 78, 87]，当感知到不公时，员工与组织间的交换关系破裂，员工将会有违背组织意愿的行为，以求心理平衡[19]，常表现为通过实施职场偏差行为寻求公平并降低损失[95]。

在公平意识迅速上升的今天，学者们对组织公平可能的结果变量作了更广泛的研究，如对组织公平与心理授权[96]、心理契约、道德困扰[97]、员工敬业度[98]、工作投入[99]、组织氛围、科技人才的创新行为[79]、冲突管理[100]、离职倾向[101]、家庭工作平衡[102]以及离职意愿等都进行了相关联的研究。本书将部分组织公平结果变量的研究进行整理如表 2-5 所示。

表 2-5　组织公平结果变量的研究一览

结果变量	学者（年份）	主要结论
企业福利政策	Beauregard（2014）[103]	若员工认为福利政策不公平，则会引起工作动力和工作绩效降低
分配制度公平	周浩和龙立荣（2014）[104]	①中国组织情境下，分配制度公平是单维度构念 ②分配公平对员工分配公平感的解释力强于过程公平和互动公平 ③人际公平和过程公平只有在分配制度不公的情况下，才会影响员工的分配公平感
企业社会责任	Choshk（2018）[105]	当员工组织公平感处于较高状态，企业社会责任会强化影响员工的情感和认知心理状态，因而会促进态度和行为产生的作用
组织承诺	Allen 和 Meyer（1990）；Imamoglu 等（2019）	组织公平对情感承诺有很强的正相关关系
工作满意度	Whisenant 和 Smucker（2009）	组织公平与员工满意感存在正相关关系，且性别对公平性的理解有差异
	Otting 和 Maier（2018）[106]	程序公平显著影响工作满意度
职业倦怠、心理授权	叶宝娟等（2020）[107]	组织公平感对职业倦怠有负向影响；心理授权起部分中介关系。即较高的组织公平感下，员工就会有较强的自身授权认知，越不易发生职业倦怠
建言行为	张晓怿和王云峰（2018）[108]	组织公平促进群体建言行为；组织公平对建立良好建言氛围有促进作用
工作投入与工作倦怠	董建华和高英（2019）[109]	对知识型员工而言，组织公平在工作投入和工作倦怠的关系中起负向调节作用。即组织公平的水平越高，工作投入对工作倦怠的影响程度就越低
工作投入与工作绩效	董建华和高英（2019）	对知识型员工的工作投入与工作绩效间起正向调节作用。具体而言，在工作投入与关系绩效间有正向调节作用，在工作投入与任务绩效间不具调节作用

续表

结果变量	学者（年份）	主要结论
企业社会责任、态度和行为	颜爱民等（2020）[110]	①组织公平感对企业社会责任感知具有正向影响 ②组织公平感在企业社会责任对员工的态度和行为的影响机制中发挥调节作用

资料来源：笔者根据文献整理。

（四）组织公平的研究述评

自 1965 年亚当斯提出分配公平，公平理论就深入人心。目前人们常说的组织公平更多地指亚当斯提出的分配公平。亚当斯提出的分配公平认为，员工不仅会对自己与他人的报酬做横向的公平感知，还会对自己现在的报酬与过去的报酬做纵向的公平感知。对于研究者和实践管理者而言，还应具备过程公平、互动公平等意识，组织公平结构维度的深入分析，将促进理论研究和管理实践的深化。因此，组织公平的研究在经历了半个多世纪的发展后依然显现出了方兴未艾的势头。当前组织公平的研究成果较多，但依然存在一些不足：

（1）组织公平结果变量广泛，但研究深度不足。组织公平在组织中具有较为宽泛的影响，形成了当前结果变量诸多的研究状况。近十年来组织公平的结果变量除涉及企业社会责任、组织承诺、工作满意度、职业倦怠等组织心理状态外，还包括工作绩效、建言行为、员工创造力等正向行为，学者们的研究成果表明，组织不公平的感受与职场偏差行为间的关系密切相关。在价值观等不断变化的今天，组织公平与职场偏差行为更富有持续研究的价值，但近十年来我国国内对于组织公平与职场偏差行为的实证研究结果并不丰富。

（2）对组织公平不同维度的研究依然具有现实意义。研究者在组织公平不同维度对组织公平影响程度的研究成果，可以提供给实践工作者较为清晰的工作思路和工作关注方向，更容易感知到组织公平工作中的重点，使管理者在组织公平角度对于预测和引导员工的行为有较早的判断和控制。因此，对管理者而言，能够区分公平维度，并且能明确不同公平维度对员工的认知影响力以及该维度在员工公平认知中的重要性，是非常有价值的。当前我国学者对组织公平不同维度的研究不多，且学者们对于组织公平不同维度影响的研究结果大相径庭，本书将对组织公平分不同维度进行研究。

三、工作满意度的文献综述

据过往研究，工作满意度与组织中的诸多积极行为和绩效往往具有正向显著的影响，更容易使员工带有热情与激情参与工作。工作满意度已成为组织行为学领域中较成熟的态度变量，是当代组织行为学最为重要的概念之一[111]。

（一）工作满意度概念的界定

“工作满意度”于1935年首次被Hoppock在*Job Satisfaction*中提出，该观点考虑到了员工的心理和生理层面。Hoppock认为，工作满意度是一种主观感受，是“员工对其所从事的工作本身以及工作环境的一种心理及生理上的满意感受与看法”[112]。本书采用Hoppock的观点。在后期的发展中，工作满意度的定义始终表现为工作整体或工作构面的情感或情绪上的反应。如Morse等（1953）提出，工作满意是员工对自己的期望收益与实际收益比较后产生的一种心理感知；Smith等认为，工作满意是个人工作态度与情感的综合反应[111]；Porter等认为，员工满意度是组织成员表现出的喜欢自身工作的程度[113]。

其他学者所提出的工作满意度定义也未脱离综合性、差距性和参考架构性的范畴。如董临萍等认为，工作态度是员工对组织、领导者以及工作的热情和承诺感[114]；苏方国等提出，工作满意度是一种心理状态，是描述个体在工作中对工作性质、工作环境、薪酬与晋升以及人际关系等方面的心理预期与实际感受间的差异[115]。

（二）工作满意度因果变量的研究

1. 工作满意度的前因变量研究

工作满意度的影响因素对于组织而言是一个极有探讨价值的重要议题。早期的工作满意度研究多与员工离职关联在一起，近三四十年来，工作满意度与员工离职外的研究成果逐渐增多。在早期研究中对工作满意度影响因素的探究，主要关注员工情绪感受对工作满意程度的影响，集中表现为对马斯洛的需求层次理论（1943）、麦克利兰的成就需要理论和赫兹伯格的双因素理论（1959）等内容型激励理论的研究。对工作满意度前因变量的探究实质是“由果溯因”。20世纪后期，对工作满意度影响因素的分析紧紧围绕在职场中与工作有关的因素中进行，这些因素既包括工作本身，也包括工作环境，与早期以关注员工情绪为出发点不同，此时是从与工作相关的因素分析，是“由因索果”。21世纪，学者们提出了人格特质对工作满意度也有影响。从工作满意度的研究历程来看，影响工作满意度的因素概括为三类：与工作有关的因素、与工作无关的环境因素以及个人因素。

第一，工作本身因素。赫兹伯格（Frederick Herzberg）在1959年提出了双因素理论，该理论的提出建立在对203名工程师和会计师的工作激励状况进行研究的基础上。赫兹伯格提出，对员工起到激励作用的因素是与工作本身有关的因素，诸如在工作中得到的认可和赏识、工作本身对员工的吸引力和挑战性、员工从工作中获得的成就感、工作中的责任感、工作的发展前途等。对员工而言，工作本身的因素更能使员工拥有工作热情，将自己的精力投入工作中，工作本身在对员工起到更长效的激励作用的同时，还能对员工的工作满意度起到较大的影响作用。近些年，被学者关注的诸如上司赏识、信任、职业生涯管理（组织中的职业生涯管理会使员工的人力资本增值，进而为员工带来个人进步及个人成长的可能）、职业召唤（对工作发自内心的喜爱）、职业高原（指员工的职业阶梯上升发展困难）等因素就是工作本身的因素。

第二，工作环境因素。工作满意度是对工作满意程度的感受，分析工作满意度影响因素时，一般会基于赫兹伯格的双因素理论对其进行分析，该理论认为与工作环境相关的因素有：组织的管理政策等；员工与同事、上司、下属等的人际关系；工作环境或工作条件；个人生活；薪金；地位、职务、对工作的安全感受等因素。近十年来，学者们还关注了劳动关系氛围、职场隔离、组织公平、人际关系等其他工作环境因素。经分析研究，认为双因素理论中个人的生活、职务等因素归为个人因素。薪资和福利在双因素理论中属于保健因素，但对我国现阶段大部分员工而言，依然可以起到明显的激励效果，工资收入与工作满意度间往往存在正向的影响。

第三，个人因素。工作满意度不仅取决于组织中工作本身的因素、工作环境因素，还取决于个人因素[116]。满意度评价是员工对自身工作感受的主观反馈，迥异的个人特征是不同员工对同一工作评价不同的重要影响因素。业界学者对个人因素与工作满意度间关系的研究多从人格特质和人口统计特征方面进行。

近十多年来，一些学者提出了工作满意度影响因素的综合观点，如黄桂[117]将工作满意度的影响因素分为情境因素、制度性因素、结果性因素、员工个人因素以及非工作方面的因素等。其中，组织的情境因素包括工作环境、工作任务与角色等因素；制度性因素譬如组织的规章制度等；结果性因素包括员工自我价值的实现、职业成长机会以及薪酬福利等；员工个人方面的因素包括人格特质与个性特征等因素；非工作因素包括员工的家庭生活、人格特质与工作、个性与组织文化匹配性等[118]。

工作满意度的前因变量研究如表 2–6 所示。

表 2–6　工作满意度前因变量研究一览

影响因素	前因变量	学者（年份）	主要结论
工作本身	职业召唤、职业承诺	Duffy 等（2010）[119]	①职业召唤与工作满意度、职业承诺、组织承诺中度相关 ②在职业召唤对工作满意度的影响关系中职业承诺起完全中介作用 ③职业承诺在职业召唤与组织承诺和离职意愿的关系中起部分中介作用
	职业高原	白光林等（2011）[120]	①职业高原对组织承诺和工作满意度的负向影响较明显，且会增加员工的离职倾向 ②组织承诺和工作满意度在职业高原对离职倾向的关系中起部分中介作用 ③组织承诺在工作满意度与离职倾向的关系中起部分中介作用
	职业生涯管理	李敏和黄怡（2013）[121]	①员工感知到的职业生涯管理对工作满意度和组织支持感均显现正相关关系 ②在员工职业晋升与工作满意度、职业发展信息与工作满意度的影响中组织支持感均起部分中介作用 ③在职业发展认识与工作满意度的影响中组织支持感起完全中介作用
	岗位特征及制度规范	田立法（2019）[122]	岗位特征、制度规范以及任务繁重程度对员工工作满意度的影响显著
工作环境	组织信任	Hackman 和 Oldham（1976）[123]	当员工对组织充分信任时，较高的工作完整性、自主性、变化性、回馈性以及重要性，使员工产生较高的满足感
		Morris 等[124]（2002）	信任度与工作满意度正相关，且系统工具的使用不影响信任与工作满意度间的关系

续表

<table>
<tr><th>影响因素</th><th>前因变量</th><th>学者（年份）</th><th>主要结论</th></tr>
<tr><td rowspan="7">工作环境</td><td rowspan="2">组织公平</td><td>Witt 和 Nye（1992）[125]</td><td>分配公平、过程公平和互动公平与工作满意度均为正相关关系；男性的公平感与满意度关系不高，性别在公平观念和工作满意度上没有实质差异</td></tr>
<tr><td>刘朝等（2013）[126]</td><td>分配公平、信息公平与工作满意度显著正相关，且分配 / 信息公平均在变革型领导风格和工作满意度间起部分中介作用，过程公平和人际公平不起中介作用</td></tr>
<tr><td>人际关系</td><td>王海珍等（2011）[127]</td><td>派系的形成提高了派系局内人的满意度，却降低了派系局外人的满意度</td></tr>
<tr><td>劳动关系氛围</td><td>崔勋等（2012）</td><td>劳资氛围对员工的内、外在满意度均有显著作用，劳资双赢氛围有显著提升作用，劳资对立氛围有显著降低作用，员工参与氛围仅对员工的内在工作满意度具有显著提升作用</td></tr>
<tr><td>上司的支持和赏识</td><td>林声洙和杨百寅（2013）[128]</td><td>公司领导应该仁德兼备，通过重视与支持员工可改善员工的工作满意度</td></tr>
<tr><td>职场隔离</td><td>苏方国等（2015）</td><td>职场隔离与工作满意度负相关</td></tr>
<tr><td>管理者自恋</td><td>李敏和杜鹏程（2020）[129]</td><td>管理者自恋负向影响员工工作满意度；促进组织认同感对员工的工作满意度有正向影响，若强化员工对上司的敌意，则对工作满意度有负向影响</td></tr>
<tr><td rowspan="3">个人因素</td><td>大五人格</td><td>田立法（2019）</td><td>积极人格特质越强的员工工作满意度越高，消极人格特质表现越强的员工工作满意度越低</td></tr>
<tr><td rowspan="2">人口统计特征</td><td>黄桂（2005）</td><td>个人价值观、动机、期望与认知水平等因素影响对工作满意度的评价</td></tr>
<tr><td>吴文华等（2007）[130]</td><td>（软件研发人员）年龄与工作年限影响工作满意度。具体是：25 岁以下及 36 岁以上的工作满意度明显高于 26~36 岁，且影响显著；2 年以下和 11 年以上的软件研发人员的工作满意度显著高于其他工作年限</td></tr>
</table>

续表

影响因素	前因变量	学者（年份）	主要结论
个人因素	人口统计特征	李璞等（2010）	（勘察施工企业）工作职务、职称、年龄、工龄等对工作满意度的感受有显著影响
		罗明忠和陈明（2014）	高工资收入、工作时间短的员工，工作满意度高；工龄、职位等级与员工的满意度关系不显著
		田立法（2019）	员工的学历、收入、身体健康状况与工作满意度相关；年龄与性别对工作满意度无影响。具体表现为：学历负向影响工作满意度，收入、身体健康状况与工作满意度成正相关关系

资料来源：笔者根据文献整理。

2. 工作满意度的结果变量研究

高工作满意度会给组织带来正向作用，低工作满意度可能使绩效降低甚至引发员工消极行为的出现。工作满意度的结果效应由此成为学者们研究的关注点。

Bateman 和 Organ 提出，乐观、主动等积极情感状态易于出现利他行为如组织公民行为[131]；悲观、痛苦等消极情感状态不易出现利他行为。工作满意度与组织公民行为正相关，高工作满意度会促使员工积极情感的发生，从而带动员工发生利他行为。Organ 和 Ryan 发现，高满意度的员工更有可能主动承担额外的职责，工作满意度高有利于出现员工的组织公民行为[132]。Judge 等用元分析研究后发现，工作满意度与员工的工作绩效间存在较高的正向相关性[133]。

工作满意度与组织消极行为间的较早的研究成果是在 1975 年，Mangione 和 Quinn 对员工的工作满意感、职场偏差行为和吸毒行为进行了相关性研究，之后学者对工作满意度与职场偏差行为进行了研究，提出二者间存在显著的负相关关系[134, 135]。Dalal 提出，工作满意度对职场偏差行为的相关系数为 −0.28[57]。我国企业员工的工作满意度、工作绩效考核的主观感受等都与组织中员工职场偏差行为的发生存在必然的联系，职场偏差行为的产生大多是个体的不满情绪所导致[136]，而提升个人满意度和降低组织的缺勤率有助于防止员工缺勤行为。

与工作满意度密切关联的重要研究议题还有员工离职行为、员工离职倾向。Price 认为，工作满意度对员工流失有显著影响，并提出了员工离职模型；同年，

Moble在工作满意度与员工流失间加入了中介变量，进一步研究其影响机制[137]。我国学者叶仁荪等也提出，工作满意度与离职倾向存在显著相关关系，且与组织承诺相比，工作满意度对离职倾向的影响力更大[138]；唐立和费梅苹在对我国社会工作者的流失原因探析后提出，工作满意度中的情感支持因子和薪酬激励因子显著负向影响其离职倾向，且薪酬激励因子的预测力大于情感支持因子[139]。

（三）工作满意度的研究述评

20世纪中叶至今，在学者持续的研究下，工作满意度的相关研究成果颇丰，研究成果显示出以下特点：

（1）研究成果高度聚焦，随时代变化而有所变化。当前工作满意度的研究成果颇为丰富，目前比较集中于员工离职领域，对个别行业的离职情况如医护人员的离职问题作了相当多的研究；在工作满意度前因变量的研究中涉及面较为广泛，学者作了大量研究，其前因变量主要分为工作本身、工作环境和个人因素三大类因素。前因变量的影响因素随着社会发展、价值观的变化也有所变化，比如近些年对工作本身因素就比较关注工作给个人带来的自我成长、个性化等方面，如职业召唤、职业承诺[140]、职业高原、职业生涯管理等，在工作环境方面的研究也逐渐关注到与员工成长和发展密切相关的一些变量，如职场隔离、组织—员工目标融合等。由此来看，目前在组织公平、职场偏差行为等领域的研究深度不足。

（2）研究区域和研究对象。目前我国国内对工作满意度实证研究的取样省份有广东及四川等，取样城市为天津、上海、南京、合肥等地区企业的员工[117, 122, 130, 141]，鲜少有学者对我国经济不发达地区的企业进行研究。

（3）研究方法。在对相关关系的研究中，绝大多数的学者均采用SPSS软件对收集到的数据进行了相关分析、因子分析、多元线性回归分析等；有学者对调研数据进行分析后采用AMOS软件建立了相应的理论模型，为相关领域的研究提供了指导思路；有学者采用了SPSS软件对数据进行分析后采用AMOS软件建立了理论模型。

经文献分析，本书确定了研究区域、研究对象和研究方法。本书将西部经济欠发达地区的企业员工纳入研究样本中，以工作满意度为中间变量，探索其在组织公平对职场偏差行为影响中的作用，采用SPSS软件与AMOS软件分析数据，并建立“组织公平—工作满意度—职场偏差行为”模型。这对于丰富组织公平、工作满意度以及职场偏差行为领域的研究成果有一定贡献。

四、工作嵌入的文献综述

工作嵌入的研究与员工主动离职关系密切。最初在对离职者的研究中，学者们从离职者的角度出发，对“什么原因使员工离职”进行思索，探究员工离职的原因；在对员工离职问题进入深度探索后，学者们的研究角度发生了转变，继而从留职员工的角度出发，探索员工愿意留职在某单位的原因。在留职原因分析中，Mitchell 等[142]从工作原因和非工作原因两方面较深入地对员工“留职”原因进行了探讨，于 2001 年首次提出工作嵌入（Job Embeddedness）的概念。

在工作嵌入的研究过程中，早期围绕着“离职”和“留职”等内容进行，直到近些年，研究者们发现，工作嵌入不仅与留职、离职相关，而且与员工的工作行为、工作绩效等有着丝丝缕缕的关系，于是，工作嵌入与绩效、组织公民行为等相关的研究逐步增多，工作嵌入的研究领域逐渐呈现出较为丰富的研究态势。

（一）工作嵌入概念的界定

Mitchell 等[142]在 2001 年指出，工作嵌入指员工个体在组织中形成的关系网络的密切程度，这种关系网络是在个体与工作相关的情境之间形成的。工作嵌入包括匹配（Fit）、联结（Link）和牺牲（Sacrifice）三个构面。其中，匹配指员工个体的技能与组织需要、员工发展与组织目标的适应性和一致性，联结指员工个体与组织及其成员间的关系，牺牲指员工若离开组织，则员工将可能遭遇的损失[86]。员工通过情感投入、认知评价等与组织间构建的关系纽带越多，员工越是嵌入组织中，其关系越牢固，越不容易离职[143]。

Yao 等（2004）定义工作嵌入为“一个总的变量”，是阻止个体离开原有工作的综合力量。Lee 等将工作嵌入的构成分为两个维度：维度一是从工作嵌入因素的内容角度将其分为匹配、联结和牺牲，维度二是从职内—职外角度把工作嵌入分为职内嵌入（On the Job Embeddedness）和职外嵌入（Off the Job Embeddedness）。Charlier 等认为，工作内的嵌入被称为组织嵌入（Organization Embeddedness）[144]，工作外的嵌入被称为社区嵌入（Community Embeddedness），Susomrith 和 Amankwaa 等更倾向于使用该分类法[145]。因此，在对工作嵌入构成的研究中，主要存在以上两个维度划分，其构成中存在五个常见的名词：匹配、联结、牺牲、组织嵌入（即职内嵌入）和社区嵌入（即职外嵌入）。本书对工作嵌入的概念采用 Mitchell 等（2001）的观点。

从组织嵌入和社区嵌入对当前我国员工的影响状况看，员工受社区嵌入的影响很小。从目前来看，离职研究中社区因素的影响处于相对被忽略的位置。这是因为，虽然我国当前的经济建设呈现出飞跃式的发展，但一方面，社会文化建设依然较落后，居民对社区文化的感知力较低[143]；另一方面，我国员工普遍有较高的工作稳定性追求和浓厚的乡土观念，迁移性较弱[146]，居民易忽视社区文化。因此，本书在引入工作嵌入变量的影响时需考虑我国文化的影响。

（二）工作嵌入因果变量的研究

1. 工作嵌入的前因变量研究

多年来，学者们尝试用一些方法探究工作嵌入的前因变量，如 Holtom 等在对工作嵌入的前因变量探索中，设计了一系列可以体现工作嵌入的实践活动[147]。当前，对工作嵌入影响因素的研究模式主要有两种：一种是对工作嵌入的前因变量进行系统研究，工作嵌入常被分为宏观环境、组织特征以及人口统计特征变量三类因素；另一种是研究者单一研究某因素对工作嵌入的影响。如身份认同、领导成员交换关系等因素对工作嵌入的影响。

在系统研究中，宏观环境研究主要从人才环境、政策认知对员工嵌入的影响进行探讨；在组织特征方面，学者们在人力资源管理实践[148]、社会化策略[149]、组织社会资本、社会化方式等对工作嵌入的影响等方面作了研究；在人口统计特征方面，对员工的性别、年龄等进行了重点分析，但在具体因素对工作嵌入的影响方式方面的研究依然比较欠缺[150]。由于单因素对工作嵌入的影响研究中，研究内容大多基于学者对某一因素与工作嵌入的感悟作研究，因此研究内容呈现出“散状”分布（本书将“散状”的研究变量按照系统研究的类别进行简单归类）。如学者们认为，身份认同、工作场所排斥、工作安全感、工作不安全感、工作满意度[151-152]等对员工工作嵌入产生显著影响；在领导行为与工作嵌入的研究中，学者们关注了真诚领导感知、关怀型领导、领导成员交换关系、主管支持等[153]；在对组织的管理实践及策略的影响因素研究中，人力资源管理实践、工作弹性[154]以及雇佣关系等，均被学者认为与工作嵌入有关，且会影响员工工作嵌入的形成。秦志华等经过实证研究，提出成员对组织的高参与性工作感知能促进职位内的工作嵌入；在参与式管理的组织中，高领导—成员交换关系会促进员工的工作嵌入程度；职场排斥对成员的工作嵌入具有负相关关系；良好的工作关系，更易形成较高的工作嵌入；在职场排斥对工作嵌入的负面作用中，员工的政治技能起缓解作用[155]。

工作嵌入的前因变量的部分研究结果整理如表 2-7 所示。

表 2-7　工作嵌入的前因变量研究

研究角度	学者（年份）	前因变量
宏观	胡翔等（2014）	人才环境、政策认知
环境因素	—	—
组织特征	Allen（2006）	社会化策略
	梁小威等（2005）；Allen（2006）	组织社会资本、社会化方式
	Bambacas 和 Kulik（2013）；Rahimnia 等（2019）	人力资源管理实践、工作弹性
	Rahimnia 等（2019）；Potgiete 等（2018）	身份认同、工作场所排斥、工作安全感、工作不安全感、工作满意度
	秦志华等（2013）；Shehawy 等（2018）	真诚领导感知、关怀型领导、领导—成员交换关系、主管支持
人口统计特征	Cezar Giosan（2005）[156]	年龄、时间、依附强度、人格特征、感知到的工作机会和婚姻机会
	Peltokorpi（2013）	性别、年龄
	杨春江等（2014）	年龄、性别、工龄、受教育程度

资料来源：笔者根据文献整理。

综上所述，在工作嵌入的前因变量研究中，组织内成员工作嵌入水平的前因变量为何有较大差异？工作嵌入影响因素的机理是什么？诸如此类的问题依然需要去探究。此类问题若能探明，不仅可以为组织培育员工的工作嵌入提供思路，而且可以为留住关键员工提供思路和借鉴，也可以为当前的延伸研究拓宽思路。

2. 工作嵌入的结果变量研究

对工作嵌入结果变量的探索，其实质是展开工作嵌入与工作行为和工作态度的研究。学者普遍认为，工作嵌入对预测员工的行为和态度比较有效[157]，这些工作态度和行为集中表现在离职意愿[142, 153, 158-160]、留职、工作绩效[161]、组织公民行为等变量上，即工作嵌入变量能较好地预测员工的自愿离职[162]、工作绩效以及组织公民行为等行为。

Crossley 等认为，工作嵌入能较好地预测员工的离职行为[163]。Heavey 等认为，工作嵌入对个体的离职行为以及集体的离职行为同样具有预测力[164]。因此，工作嵌入从研究之初就紧紧与离职联系在一起。工作嵌入不仅能较好地预测员工自动离职行为和离职意愿，而且与员工自动离职的负相关关系强于组织承诺和工作满意度，工作嵌入对员工自动离职的负相关关系也强于工作搜寻、工作选择等因素[161]。

工作嵌入有助于改善不良工作绩效。这是因为工作嵌入程度高意味着员工与组织的匹配程度较高，工作嵌入对员工工作绩效的提升起积极作用，员工的工作嵌入程度的提升还可以改善绩效不良员工的工作行为。我国学者张冉对残疾人群体的工作嵌入问题进行研究后提出，低工作嵌入的残疾人易表现出较低的工作绩效，且参与组织任务的心态和行动较消极，其离职倾向也较高[86]。Wheeler 等将工作嵌入的不同维度对任务绩效的关系进行研究后提出，组织嵌入对员工任务绩效间有显著影响，其中工作努力起中介作用；而社区嵌入直接作用于任务绩效[165]。在工作嵌入与绩效的深入研究中，表现为员工过程性绩效的行为——组织公民行为渐入学者的视线，如 Lev 和 Koslowsky 提出，工作嵌入积极影响员工的组织公民行为，且对女性的影响强于男性[166]；而 Avey 等更进一步提出，对组织较深的工作嵌入会减弱震撼事件对组织公民行为的影响[167]。

学者对工作嵌入的结果变量进行研究，目前整体结果变量的研究成果与离职行为、工作绩效等几个少数变量密切关联，但工作嵌入表现为组织内外的联结、匹配程度和离开组织的损失，表明了员工与组织的紧密程度，依照组织心理和行为的推断，工作嵌入不足很可能与组织中的消极行为—职场偏差行为有相关关系。

国内外近几年有极为少量的学者对工作嵌入与职场偏差行为作了相关研究。Rafiq 等在对员工工作投入与离职倾向的心理机制进行研究时提出，工作嵌入与职场偏差行为间存在负向相关关系[168]。Singh 以加勒比金融服务部门的 465 名一线员工为研究样本，采用三步多层次回归分析法，研究工作嵌入对职场偏差行为的关系，以及员工工作投入调节工作嵌入—职场偏差行为的关系中发现：工作嵌入能够预测职场偏差行为，而员工工作投入能够调节工作嵌入与职场偏差行为之间的关系[169]。Darrat 等对销售人员的工作满意度、工作嵌入以及职场偏差行为进行研究时，发现工作嵌入负向影响职场偏差行为，且工作满意度调节工作嵌入与职场偏差行为的关系[170]。

近几年，工作嵌入的研究已与创新工作行为[171]、工作满意度、职业满意度、组织承诺、领导交换理论、高绩效工作系统[172]、自我效能感[173]等变量联系在一起，这些研究成果的出现表明工作嵌入的研究广度在逐步拓宽。

（三）工作嵌入的研究述评

从上述文献中可以看出，当前鲜有学者对工作嵌入与组织公平、职场偏差行为进行相关研究，但学者对工作嵌入的过往研究依然为本书提供了研究启示和理论支持。

工作嵌入的研究出现于近二三十年对员工离职的原因探索，近十年来，对工作嵌入前因变量的分析逐渐呈现出了多样化趋势。对其前因变量的探究中，学者们普遍认可宏观环境、组织特征和人口统计特征会对工作嵌入的程度产生影响，企业的独特色彩很大程度上表现为组织特征，如组织的社会化策略、组织社会方式、雇佣关系、领导风格、组织公平等特征。目前学者鲜少对组织公平与工作嵌入进行研究，但从上述工作嵌入文献的梳理中依然可以推断出—组织公平很可能会对工作嵌入产生影响。本书即将组织公平与工作嵌入作为研究对象探究二者之间的关系。

工作嵌入的研究始于对企业留人、育人的深入探索，且目前依然与员工离职相关研究关系密切，其结果变量可以概括为行为、态度和结果，如工作绩效、组织承诺、工作满意度、组织公民行为等。职场偏差行为是职场中特定的一些消极工作行为，因此本书在对大量相关文献进行了分析及归类后，认为工作嵌入可能对职场偏差行为产生影响。因此，将工作嵌入纳入本书中，希望探究工作嵌入与组织公平、工作满意度和职场偏差行为的关系，以及工作嵌入在组织公平对职场偏差行为关系中起的作用。此研究会丰富工作嵌入与职场偏差行为的理论研究，且能够为管理实践提供理论依据。

第三节　文献述评

基于上述理论基础和文献综述，本章对于职场偏差行为、组织公平、工作满意度以及工作嵌入等变量的概念、前因变量以及结果变量等进行了文献综述，在对文献进行梳理后，本书得到以下认识：

第一，我国组织公平与职场偏差理论的实证研究深度不足。在全民公平意识提升的状况下，组织公平对职场偏差行为的影响已不容忽视，但研究成果并不丰富，国外组织公平与职场偏差行为的研究结果存在相当大的差异，而基于我国本土的研究成果却寥寥无几。具体表现为我国职场偏差行为的研究深度不足，且研究成果较为分散。如近几年持续有职场偏差行为的描述性文献在发表，如“浅析”“研究现状与展望”“研究现状的可视化分析”“维度划分”等；对职场偏差行为较深入的研究成果不足且很分散，如职场偏差行为与组织认同、心理契约、组织信任、辱虐管理、不当督导、责任型领导、领导—成员交换、绩效、职场排斥等作了研究。当前为数不多的研究文献中，如刘善仕[32]、毛军权和汤馥萍[94]等用定性的方法提出组织公平对职场偏差行为有负向影响的关系，鲜有学者对二者之间的关系进行定量研究；目前仅有刘玉新对二者之间的关系进行了实证研究，提出组织公平对职场偏差行为有直接影响，且组织公平不同维度对职场偏差行为的影响存在差异[55]。由此而言，我国本土组织整体与职场偏差行为的影响抑或是组织公平不同维度对职场偏差行为的实证研究成果均不足，还需要进行本土化的探索。

第二，组织公平对职场偏差行为的作用机制尚不明确。如前所述，学者们认为组织公平对职场偏差行为存在影响，但其关系如何，且如何产生作用并不清楚。在越来越重视人性化、期望可持续发展的大环境下，员工的工作满意度是企业的又一重要关注因素。组织公平是否通过员工的工作满意度进而作用于职场偏差行为？这对于研究组织公平视角下的职场偏差行为是一个亟须解答的问题。本书在对国内外的文献进行梳理后发现，Tyler[10]、李前兵[73]、朱天一[74]等对于组织公平与工作满意度间的关系进行了研究，李晔和龙立荣[81]、Dalal[57]、Akremi[51]、刘玉新[55]等对组织公平与职场偏差行为进行了研究，但未见以工作满意度为中介作用的组织公平分维度（分配公平、过程公平、互动公平）对职场偏差行为（人际导向职场偏差行为、组织导向职场偏差行为）相关研究的文献报道。因此，组织公平对职场偏差行为的作用机制尚不明确，还需探索。

第三，组织公平对职场偏差行为边界条件的研究不明晰。现有的研究较清晰地表明，组织公平感知及员工的职场偏差行为，可能受到边界条件约束。当前仅有的对职场偏差行为的测量研究多是探讨职场偏差行为的关系[8, 12, 33]，少数针对二者关系的理论研究仅讨论了其中介机制工作[73, 74, 134]，鲜有学者对其进行边界条件的研究[205]。工作嵌入的理论研究最初与离职紧密相连，当前与工作嵌入相关的理论研究依然比较薄弱。在用“查新”技术对国内外相关文献“查新”后，截至 2021 年 4 月 5 日，仅发现三篇文献对工作嵌入与员工职场偏差行为进行了相关研究[168-170]，未见国内外学者将工作嵌入作为边界条件进行组织公平对职场偏差行为的研究。在员工忠诚度下降以及员工流动性加大的情况下，将工作嵌入作为组织公平对职场偏差行为的边界条件探索是很有必要的，可在一定程度上填补理论空白。

本书在对现有研究细致梳理的基础上，明确了研究方向和研究思路：本书拟构建组织公平三要素与人际导向职场偏差行为及组织导向偏差行为间的关系，引入工作满意度和工作嵌入，并形成实证研究模型，深入探讨组织公平对职场偏差行为的影响机制。组织公平、工作满意度以及工作嵌入等方面的研究一直未能形成一致的认识，这也是鲜明的“管理”特色。管理问题很难确定标准的原则和标准，而量表的设计及测量项目的选择也是智者见智、仁者见仁，存在参差不齐的现象。

本章小结

本章对本书中涉及的理论基础以及研究变量进行了文献的梳理与述评，进一步梳理了研究思路。

本书的理论基础是社会交换理论与情感事件理论。社会交换理论已被作为一种常见的解释机制用来阐释不同领域用户行为的决策问题[15]，情感事件理论为组织行为学研究领域提供了“事件”转为“行为”的理论基础，二者与本书的主题息息相关，因此被确定为本书的理论基础。

研究的主要变量为职场偏差行为、组织公平、工作满意度以及工作嵌入等。本章对研究涉及的主要变量从概念、前因变量以及结果变量等进行了文献综述，并对每个变量作了较为简洁的研究述评。

（1）职场偏差行为是违背组织重要的规则、规范，威胁组织及其成员利益的自愿性的行为；其影响因素可以归结为员工个体因素、员工所处的组织因素、情境因素。

（2）组织公平是员工个体对于组织行事是否公平的一种感知和判断；其维度构成历经了单因素论、双因素论、三因素论以及四因素论，当前三因素论（分配公平、过程公平和互动公平）、四因素论（分配公平、过程公平、信息公平和人际公平）的支持者较多；组织公平的前因变量主要可以归为文化背景和领导风格；结果变量可以归结为绩效结果、集体意识和个人价值等方面。

（3）工作满意度是员工对其所从事的工作本身以及工作环境的一种心理及生理上的满意度感受与看法；其前因变量可以概括为与工作有关的因素、与工作无关的环境因素和个人因素；结果变量主要有积极行为和消极行为两大类。

（4）工作嵌入是员工个体在组织中形成的关系网络的密切程度，包括匹配、联结和牺牲三个构面；工作嵌入的前因变量可被分为宏观环境、组织特征及人口统计特征三类因素；工作嵌入结果变量的研究以消极行为为主，当前也出现了工作嵌入与积极行为之间的研究。

第三章　理论假设及模型构建

本书采用了文献与研究成果归纳法，在实践感知与文献分析的基础上，提出了研究思路。研究假设是基于对国内外文献进行认真、细致的梳理，在明晰了职场偏差行为、组织公平、工作满意度以及工作嵌入等变量的研究现状和研究脉络，并对当前各变量的研究过程、研究重点、研究路径和方法等有了较清晰的认识后提出的。本书基于科学的研究过程对相关自变量进行了评估、遴选、归类等，最终构建了研究的理论模型。

第一节　研究的假设

一、组织公平对职场偏差行为影响的研究假设

在对多篇文献的梳理、比对以及总结后发现，组织公平确实与职场偏差行为间存在一些联系，如我国学者李晔、龙立荣提出，在组织公平的结果变量研究中，以个体行为为研究主体的结果变量主要是职场偏差行为[81]；Dalal 用元分析的方法对组织公民行为与职场偏差行为的关系研究后提出，组织公平显著负向影响职场偏差行为[57]；刘玉新等认为，组织公平感对职场偏差行为有显著影响和预测作用[55]；诸多基于实证研究的学者也提出，组织公平感对职场偏差行为有显著影响和预测作用[18, 53, 55, 78, 87]。这些都表明了组织公平确实影响职场偏差行为。

从因果推理的角度看，组织公平对职场偏差行为的影响也是存在的。组织不公平是个体在工作场所中知觉到的较为明显的失衡，一旦对组织不公平事件的归因不当，就有可能导致职场偏差行为的发生。无论是从社会交换理论，抑或是情感事件理论进行推理，对组织公平与职场偏差行为之间关系的判定，都能得到“组织不公可能导致危害组织的职场偏差行为”的发生[32]。Akremi 等，毛军权和

汤馥萍，Cohen 和 Spector，刘善仕等提出，组织不公很可能导致危害组织的职场偏差行为发生，组织不公平是引发报复动机的主要原因之一[32, 77]，更有甚者是导致组织报复行为的直接原因[95]，这种组织公平引起报复行为的原因是感知到的组织不公平使员工原本对组织的情感和认知发生破坏，因而引发其负向行为[23]。心理学认为，报复行为的产生源于行为人在利益受损或需求受挫的情况下，对妨碍对象施行的惩罚性行为。当感知到不公时，员工与组织间的交换关系会破裂，员工将有违背组织意愿的行为，以求心理平衡，常表现为通过实施职场偏差行为寻求公平并降低损失。这是由于不公平事件引起心理认知的改变，引发了消极情绪，进而通过实施职场偏差行为寻求公平，降低自己的损失[2]。

从学理和实证上看，组织公平与职场偏差行为间有较为密切的关系。从社会交换理论角度看，当个体受到不公平对待时，往往会通过职场偏差行为予以回应；基于情感事件理论角度看，组织不公平可被看作来自组织的一种压力，能引发一些消极情绪，进而导致职场偏差行为。Akremi 等实证研究后提出，组织不公平是导致员工产生报复行为、职场偏差行为等消极行为的重要因素[51]。组织不公是导致职场偏差行为的触发类因素，当员工感知到组织不公时，愤怒、怨恨等负面情绪会随之产生，进而会发生散布谣言、偷窃、怠工、损害公物等职场偏差行为以疏解这些负面情绪[8, 42, 49]。Fox 等用 292 份样本研究工作压力源对职场偏差行为的影响时提出：组织限制、人际冲突和负面情绪显著正向影响职场偏差行为，组织公平显著负向影响职场偏差行为，其中，负面情绪在工作压力源和职场偏差行为间具有显著中介效应[50]。实施职场偏差行为是员工对组织不公的一种被迫性的反抗[93]。

从自我概念角度看，公平会增强群体成员间的联系，而不公平会使成员减少自己与组织间的联系，导致成员撤退行为和退出行为的发生。当个人感受不公平时，员工会从心理层面和行为层面尝试改变这种不平等状态。因此说，组织不公是导致职场偏差行为的触发类因素之一，是职场偏差行为的重要诱因，这种组织不公平，往往会形成怠工、偷窃、散布谣言、破坏工作等职场偏差行为。基于此，本书提出以下假设：

H1：组织公平对职场偏差行为产生显著负向影响。

分配公平是一种除考虑报酬的绝对数外，员工还会与他人进行横向对比，以及与自己的过去进行纵向对比的相对公平。学者对组织公平分维度研究，提出分配公平对职场偏差行为存在一定的影响。例如，Greenberg 指出，分配不公会导致员工的偷窃行为[174]；Cropanzano 等提出，当员工认为分配不公平和过程不公平就会发生职场偏差行为[175]。组织公平导致职场偏差行为的缘由是当个体与不公平源发生碰撞时，个体易产生报复行为。当分配不公平时，个体更倾向于发生“纠正”不公平的行为；而分配公平、过程公平和互动公平对破坏行为具有增幅作用[176]。Spector 和 Fox 印证了该观点，提出分配公平和过程公平对职场偏差行为有显著影响，且分配公平和过程公平与一些诸如破坏设备、引起人际冲突等行为有显著关联[27]；Fox 等进一步提出负面情绪在分配公平、过程公平与职场偏差行为间起完全中介作用[50]。

在对组织公平不同维度与职场偏差行为的深入研究中，学者得到的组织公平不同维度对职场偏差行为的预测力的研究结论虽然大都表明组织公平不同维度对职场偏差行为存在影响，但却大相径庭[78, 87]。Skarlicki 和 Folger 认为，互动公平对职场偏差行为的影响最大，其次为分配公平，最后是过程公平[49]；Henle 对 151 名兼职大学生的组织公平、人格特质交互作用与职场偏差行为影响进行探究后，认为互动公平与职场偏差行为呈显著负相关关系，而分配公平和过程公平对职场偏差行为无相关关系[177]。尤方华、陈志霞认为，分配公平的影响强于过程公平带来的影响[178]。任华亮等对我国 12 个城市 22 家企业的 349 名企业员工用两个时点的数据进行了研究后提出：分配公平、过程公平和信息公平均与组织导向职场偏差行为呈显著负相关关系，分配公平和人际公平均与人际导向职场偏差行为呈显著负相关关系[87]。基于此，本书提出以下假设：

H1-1：分配公平对人际导向职场偏差行为产生显著负向影响；

H1-2：分配公平对组织导向职场偏差行为产生显著负向影响。

过程公平最早出现于法律界，有律师发现，无论当事人对审判结果是否满意，但只要司法审判的过程公平，当事人一般都会认为审判结果公平，且对结果满意——这是过程公平的最初发现。基于前述分析，员工对工作过程 / 工作流程的公平感知与员工的职场偏差行为形成负相关关系，即当员工感知到工作过程不公平时，员工个体易于产生报复行为。如彭草蝶等[9]，Cropanzano 等[175]，Ambrose[176]，Spector 和 Fox[27]，尤方华、陈志霞[178]在进行实证研究后，均认为过程公平会对职场偏差行为产生负向影响。且 Spector 和 Fox 提出，过程公平与一些诸如破坏设备、引起人际冲突等行为有显著关联；彭草蝶等认为，组织的过程公平越高，组织导向的职场偏差行为就会越少；任华亮等提出，过程公平与组织导向职场偏差行为呈显著负相关关系[87]。基于此，本书提出以下假设：

H1-3：过程公平对人际导向职场偏差行为产生显著负向影响；

H1-4：过程公平对组织导向职场偏差行为产生显著负向影响。

互动公平是员工之间以及员工与上级之间的交流和联系涉及的人际关系的感知，主要是员工对管理者对待自己的态度、方式等是否公平的感知。若员工对互动公平的感知不公可能会引起员工对组织、员工对上级或者同事的不满，使员工产生报复行为，形成针对组织或个人的报复行为。Ambrose 认为，互动公平对破坏行为具有增幅作用[176]；Henle 在对 151 名兼职大学生的组织公平、人格特质交互作用与职场偏差行为的影响进行探究后，认为互动公平与职场偏差行为呈显著负相关关系，而分配公平和过程公平对职场偏差行为无相关关系[177]；Skarlicki 和 Folger 认为，互动公平对职场偏差行为的影响最大，其次才是分配公平和过程公平[49]。与同事交往中的互动公平感知源自人际交往以及工作配合的过程，这种不公平感知可能会促使发生员工间人际摩擦、互相拆台和恶意攻击等针对个人的人际导向职场偏差行为[9]，也可能会引发面向组织的组织导向职场偏差行为；与上司工作过程中的互动不公平感可能会由于“成本”关系，形成针对组织的破坏行为、怠工等组织导向职场偏差行为的可能性高于针对个人的人际导向职场偏差行为。基于此，本书提出以下假设：

H1-5：互动公平对人际导向职场偏差行为产生显著负向影响；

H1-6：互动公平对组织导向职场偏差行为产生显著负向影响。

二、工作满意度中介作用的研究假设

（一）组织公平对工作满意度的影响

工作满意度（Job Satisfaction）是员工对工作本身以及工作条件的一种感知态度，是人的主观感受，表明了员工对工作的喜爱程度[179]。从心理学角度看，人的主观感受是大脑对直接作用于人的感觉器官的客观事物的各个部分或整体部分在人脑中的反应，特殊事件的发生会影响员工的工作满意度感受。譬如，员工对某事件处理结果的满意与否、对于处理事件公平与否的感受等都会影响员工的工作满意度感受。当员工感受到组织公平时，会提升对工作的满意度；同样，若员工感受到组织不公平时，会降低对工作的满意度。

在组织公平对工作满意度的研究中，我国学者李前兵以苏州部分中小型制造企业的全职员工为样本，基于过程公平和分配公平二维度对技能人才工作态度的影响进行研究后提出，技能人才常会对自己的绩效评估结果与他人绩效结果或统一标准进行比较，若公平则会感知公平。但实际操作中的绝对公平很难存在，若员工感知过程公平则可弥补感知到的分配不公平的不足。如若员工感知到评估个人绩效的机制和过程是公平的，则员工也会感知公平。李前兵[73]用回归分析等方法进行研究后提出，分配公平和过程公平对技能型人才的工作满意度和组织承诺等均呈正相关关系[73]。朱天一在探究领导风格与工作满意度间的关系时提出，组织公平认知对工作满意度有显著正向影响。他认为，无论组织中公平是过程公平或分配公平维度，员工都会较好地投入工作。较多地投入工作就意味着在工作中会花费较多的心思，员工会产生较高的内在满意度；而较多地投入工作，也会使员工得到较好的回报，有可能给员工带来升迁、提薪等，这样可能会给员工带来外在满意度[74]。Nurdin 等采用了路径分析的方法，在情绪智力、组织公平对工作满意度和关怀气氛的影响以及刑侦人员绩效的影响研究中，用偏最小二乘法求解路径建模。研究发现，组织公平与工作满意度呈正相关关系；组织公平与官员绩效工作满意度以及军官绩效存在显著的正向影响[183]。如 Tyler 提出组织的过程公平很重要，他认为工作满意度的提升来自员工感知到的与组织间的信任感，这种信任感缘于员工更为看重组织中的过程公平，若感知到组织的过程公平，则会认为被组织信任和重视，这种自我感知的组织间的信任感会促进员工较强的利他主义工作动机，进而促使工作满意度的提升[10]。基于此，本书提出以下假设：

H2：组织公平对工作满意度产生正向影响。

分配公平是员工对于获取的报酬是否公平的感知。分配公平认为员工在获得报酬后，除考虑自己的绝对报酬外，还会与他人进行横向的对比、与自己过去获得的报酬进行纵向的对比，如果认为获得的报酬是对自己不利的不公平，就会心存不满，会用诸如出工不出力、减少工作投入等行为，以使自己感到“公平”。从学理上讲，若员工感知分配不公平，则可能使员工产生不满意的情绪，继而上升为对工作不满意。国内外有学者对分配公平和工作满意度的关系作了相关研究，如 Hyun 采用了“人力资本公司面板（HCCP）”数据，对韩国 500 多家国内公司和 10000 名员工的跟踪调查数据，研究了过程公平、分配公平和互动公平对员工组织承诺和工作满意度的影响[80]。研究发现：分配公平与工作满意度呈现显著的正相关关系，且分配公平对工作满意度和组织承诺的影响存在调节作用。Colquitt 等得出，分配公平与工作满意度之间的相关关系是显著的[78]；Mc Farlin 和 Sweeney 认为，分配公平和过程公平分别与工作满意度、薪酬满意度正相关，且分配公平更具影响力[180]；张奇等认为，员工的工作行为和工作态度受到组织公平的重要影响，分配公平和过程公平对工作满意度具有显著正向影响[181]；李前兵用回归分析等方法研究后提出，分配公平和过程公平对技能型人才的工作满意度和组织承诺等均呈正相关关系[73]。基于此，本书提出以下假设：

H2-1：分配公平对工作满意度产生正向影响。

过程公平是个体对感受到的、在程序实行过程中是否公平的判断[77]。过程公平是员工对工作过程、工作程序或工作流程公平与否的感知，若员工对工作过程感知是公平的，员工一般会认为该事件是公平的，并且对相关结果感到满意。如果员工对工作结果感到不满，却又无法通过恰当的渠道提出诉求、申诉，无法表达自己对决策结果的不满，则会认为组织不公平，当这种不公的感受无法平息时，会使员工产生对工作的不满意感。如 Tyler 提出，员工感知到“组织的过程公平”，会使员工认为被组织信任和重视，这种自我感知的组织的信任感会促进员工有较强的利他主义工作动机，进而促使工作满意度提升[10]。Lambert 等用最小二乘法（OLS）回归，对尼日利亚一所中等安全监狱工作人员的组织公平对工作满意度和组织承诺的影响进行研究[182]。学者将组织公平分为分配公平、过程公平和人际公平三维度，实证后提出过程公平和人际公平对工作满意度有正向影响，分配公平对工作满意度无显著影响。Hyun 对韩国 500 多家国内公司和 10000 名员工的跟踪调查研究，提出过程公平与工作满意度呈显著正相关关系[80]。李前兵实证研究后提出过程公平和分配公平对技能型人才的工作满意度呈现正相关关系[73]。张奇认为，员工的工作行为和工作态度受到组织公平的重要影响，分配公平和过程公平对工作满意度具有显著正向影响[181]。基于此，本书提出以下假设：

H2-2：过程公平对工作满意度产生正向影响。

互动公平是继分配公平和过程公平后，由 Bies 和 Moag 于 1986 年提出的关于组织公平的又一概念和新的公平感知维度。互动公平认为，除分配公平和过程公平感知外，还有员工对决策过程中上级（管理者）对待自己的态度、方式等是否公平的感知。Witt 和 Nye 认为，互动公平、分配公平以及过程公平与工作满意度均呈正相关关系，且性别在公平观念和工作满意度上没有实质差异[125]。李群等（2015）以实证分析的方法研究组织公平对新生代农民工留职意向的影响时得出，互动公平对工作满意度存在显著正相关关系。基于此，本书提出以下假设：

H2-3：互动公平对工作满意度产生正向影响。

（二）工作满意度对职场偏差行为的影响

在对文献研究的过程中发现，无论是纵向研究还是调查研究的结果，均显现出了工作满意度能显著预测职场偏差行为的发生。在员工的离职倾向、缺勤行为、生产率以及员工的生理和心理等诸多结果的预测上，工作满意度都能起到较好的预测效果[184]。

Dalal 用元分析方法对 25 个研究、6106 例样本进行分析后，提出工作满意度对职场偏差行为有负向预测作用[57]；员工在工作满意感下降时会促使更多的职场偏差行为发生[184]。Judge 等研究发现，工作满意度对职场偏差行为产生显著的负向影响[185]。Lau 等用元分析方法对数据分析后，提出工作满意度较低的个体以及比较年轻的个体均会使职场偏差行为的出现次数增多，工作满意度高的员工会较少发生偷窃和缺勤行为等职场偏差行为[186]。一些学者对工作满意度与具体的职场偏差行为作了相关研究。Mangione 和 Quinu 对 1327 份样本进行研究后提出，30 岁及以上员工的职场偏差行为和滥用违禁药品与工作满意度呈显著负相关关系[187]；Bolin 和 Heatherly 提出，不满意度对缺勤、特权滥用和偷窃等行为具有正相关性[188]。也有学者将工作满意度作为中间变量，研究了工作满意度在某自变量与职场偏差行为间的作用，认为工作满意度对职场偏差行为存在负向影响。

员工的工作满意度主观感受等与组织中员工职场偏差行为的发生存在必然的联系，职场偏差行为的产生大多是由个体的不满情绪所导致[136]，在员工的离职倾向、缺勤行为、生产率以及员工的生理和心理等诸多结果的预测上，工作满意度都能起到较好的预测效果[184]。Moretti 对职场偏差行为的心理影响因素进行了研究，认为不同因素所引发的具有差异性的员工满意度，导致的具体职场偏差行为也存在差异[189]。研究一提出，对同事的满意度和对暴力的忍耐态度显著负向影响职场工作破坏行为，对同事的不满意度和武力以及欺骗行为显著正向影响职场工作中的浪费行为；研究二发现，工作不满意度、对欺诈的忍耐态度、整体工作满意度以及性别等均对职场偏差行为有显著影响。学者用不同的研究方法，从不同的角度提出工作满意度与职场偏差行为之间确实存在负向的相关性，希望通过提升员工的工作满意度水平从而减少职场偏差行为。基于此，本书提出以下假设：

H3：工作满意度对职场偏差行为产生负向影响。

职场偏差行为分为人际导向职场偏差行为和组织导向偏差行为。人际导向职场偏差行为是员工发出的针对个人的职场偏差行为，包括言语侵犯同事、偷窃同事财物、散布谣言、说同事坏话等；组织导向职场偏差行为是员工发出的针对组织的职场偏差行为，包括早退、延迟工作、浪费资源、损坏以及偷窃组织财物等行为。由于工作满意度降低，员工可能发出针对组织或个人的职场偏差行为，学者的研究成果也表明了此观点。Lau 等研究提出，高工作满意度的员工较少发生偷窃和缺勤行为等组织导向职场偏差行为[186]；Bolin 和 Heatherly 提出，不满意度对缺勤、特权滥用和偷窃等组织导向职场偏差行为具有正相关性[188]；曹羽男在对个人道德标准、组织情境认知对职场偏差行为的关系研究中发现，员工对工作不满意的感受对人际导向职场偏差行为和组织导向职场偏差行为都呈现出显著的正相关关系[190]。基于此，本书提出以下假设：

H3-1：工作满意度对人际导向职场偏差行为产生负向影响；

H3-2：工作满意度对组织导向职场偏差行为产生负向影响。

（三）工作满意度在组织公平与职场偏差行为间的中介作用

工作满意度是对组织的综合评价。Marmor 等以社会工作者为研究对象，提出社会公平文化环境中的社会工作者，在工作满意度的调解下，对组织的投入会更大，离职的可能性也较小[191]。同理，当员工感知到组织存在不公平时，会产生不满意感，这种不满意感很可能会演变成员工对整体工作不满意。在不满意的工作状态下，受挫感、愤怒等一系列的紧张情绪会伴随员工，根据社会交换理论，员工会将这种受挫、愤怒的感受转化为实施故意损害组织或他人的行为，可能会出现针对组织的延长休息时间、延迟工作、出工不出力、浪费资源、蓄意破坏等职场偏差行为，还可能出现针对同事的说坏话、诽谤、诋毁他人等人际导向职场偏差行为，甚至有可能实施退出组织的行为，更常见的是实施职场偏差行为从而发泄对工作的不满或谋取私利。也就是说，组织的公平事件可能会诱使员工产生对工作的不满意，继而员工通过实施职场偏差行为，实现其对工作的掌控权[192]。从心理学角度看，职场偏差行为也可以被看作是员工调整工作受挫时采用的一种手段。

因此，本书认为，感受到组织不公平可能会降低员工的工作满意度，而这种降低了的工作满意度促使组织发生职场偏差行为发生或者加大职场偏差行为的强度。基于此，本书提出以下假设：

H4：工作满意度在组织公平与职场偏差行为间起中介作用。

分配公平是员工对于获得的报酬是否公平的感知。分配公平理论认为，员工在获得报酬后，除考虑自己获得的绝对报酬外，还会与他人进行横向对比、与自己过去获得的报酬进行纵向对比，如果获得的报酬被感知为不公平，且不利于自己，则员工会心存不满，这种不满意可能会升级为对工作不满意，最后则可能引发懈怠、偷懒、减少工作投入、出工不出力、诋毁他人等职场偏差行为，以使自己感到“公平”。从学理上讲，当员工感知到分配不公后，可能会导致员工的工作满意度降低，从情感事件理论的角度分析，这种工作满意度降低可能会引发员工背后说同事的坏话、发牢骚、消极怠工、对工作惰怠等人际导向职场偏差行为和组织导向的职场偏差行为。即若员工感知到分配不公平，则会降低员工的工作满意度，进而可能使员工发生人际导向职场偏差行为和组织导向职场偏差行为。基于此，本书提出以下假设：

H4-1：工作满意度在分配公平与人际导向职场偏差行为间起中介作用；

H4-2：工作满意度在分配公平与组织导向职场偏差行为间起中介作用。

过程公平是员工对工作过程、工作程序或工作流程公平与否的感知，若员工对工作过程感知是公平的，员工一般都会认为该工作是公平的，并且对相关结果感到满意。比如，组织对决策结果采用公示的办法，员工认为绩效结果不公可以采用申诉等渠道提出诉求，这种公示、申诉渠道就是使员工感到过程公平的重要举措。若组织对于一些决策结果进行“公示”、员工可以对决策结果提出“申诉”以表达自己对结果的不满或疑虑，则一般会对结果感到满意。如果员工对工作结果感到不满，却又无法提出诉求、无法申诉，表达自己对决策结果的不满，则会认为组织不公平。当这种不公的感受无法平息时，可能会使员工的工作满意度降低，进而可能引发针对组织或个人的职场偏差行为，如诋毁他人、迟到、怠工、不努力、故意破坏等职场偏差行为。基于此，本书提出以下假设：

H4-3：工作满意度在过程公平与人际导向职场偏差行为间起中介作用；

H4-4：工作满意度在过程公平与组织导向职场偏差行为间起中介作用。

互动公平是员工对上级以及同事之间的交流和联系所涉及的人际关系的感知，主要表现为员工对上级（管理者）对待自己与他人的态度和方式等是否公平的感知，若员工感知互动不公平，则有可能使员工的工作满意度降低。从情感事件理论角度解释，当员工感受到上级对待自己与对待同事的态度和行为是不公平，会降低员工的工作满意度；从社会交换理论解释为当员工由于感知到与上级的互动不公平时会对组织采取一些相应的“回报”，而这种回报可能是背后议论他人、不合作、怠工、迟到、破坏财物等人际导向职场偏差行为和组织导向职场偏差行为。基于此，本书提出以下假设：

H4-5：工作满意度在互动公平与人际导向职场偏差行为间起中介作用；

H4-6：工作满意度在互动公平与组织导向职场偏差行为间起中介作用。

三、工作嵌入调节作用的研究假设

工作嵌入反映的是个体对组织依附的程度，组织所处的宏观环境、组织特征以及个人特征等可能会影响工作嵌入的形成。目前，较少有学者对工作嵌入的前因变量进行研究，现有前因变量主要包括身份认同、工作场所排斥、工作安全感、工作不安全感等组织特征。当前我国组织公平对工作嵌入影响研究的文献较为缺乏[30]，最近几年国内外偶有组织公平与工作嵌入的相关研究，且获得了较为明确的研究结果：杨春江等以 6 家服务业的 351 名员工为样本，在研究组织公平对员工离职行为的影响后提出，分配公平和过程公平对员工工作嵌入正相关[193]；在分配公平对员工离职的显著负向影响中，工作嵌入起完全中介效应。张冉对上海市企事业单位的 273 名残疾员工的组织公平、工作嵌入与工作绩效间的关系进行研究后，提出组织公平三维度与工作嵌入间存在显著相关关系[86]。Ghosh 以印度不同行业的 236 名员工—主管配对样本为研究对象，发现组织公平的不同维度与工作嵌入各构成因素间的关联程度不同。该项研究表明，组织公平与工作嵌入间具有正相关的关系[194]。以上学者的研究成果表明，组织公平与工作嵌入存在正相关关系。

工作嵌入可以有效地预测员工的态度和行为。大部分工作嵌入研究与员工的离职研究是关联在一起的。Crossley 等认为，工作嵌入能较好地预测员工的离职行为。Mitchell 等在对员工的主动离职与留职原因的探究中，引入了工作满意度、工作嵌入、组织承诺、职业选择、职业搜寻等变量，经过实证分析得到：工作嵌入与自愿离职存在显著的负相关关系，工作嵌入与离职意愿存在显著的负相关关系[142]。张冉对残疾人群体的工作嵌入问题进行研究后提出，低工作嵌入的残疾人易表现出较低的工作绩效，且参与组织任务的心态和行动较消极，其离职倾向也较高[86]。Jolly 和 Self 以美国一线餐厅员工为样本，对组织的心理多样化气候（Psychological Diversity Climate）与员工离职意愿进行研究时，将工作嵌入作为中间变量，发现工作嵌入的牺牲维度对员工离职存在负相关关系[195]。Heavey 等认为，工作嵌入对个体的离职行为以及集体的离职行为同样具有预测力[164]。除此之外，还有大量的学者认为，工作嵌入对离职意愿的确具有负向影响[153，158-160]，工作嵌入不仅能较好地预测员工自动离职行为和离职意愿，而且与员工自动离职的负相关关系强于组织承诺和工作满意度；工作嵌入对员工自动离职的负相关关系也强于工作搜寻、工作选择等因素[163]。员工越是嵌入组织中，其关系越牢固，越不容易离职[143]。

近年来，学者们逐渐拓宽了工作嵌入结果变量的研究范畴，如组织公民行为、工作绩效[161，196]、创新绩效等几个少数变量。在与工作嵌入作关联研究的行为变量和态度变量中，学者认为，工作嵌入与员工的积极行为如组织公民行为、员工留职、工作绩效、创新绩效等具有正向影响的关系；与消极行为如离职存在负向相关的关系。职场偏差行为就是组织中的消极行为。因此，依照组织心理和行为的推断，工作嵌入程度与组织中的消极行为——职场偏差行为很可能存在一定的相关关系。

在工作嵌入与职场偏差行为的研究中，国内外近几年有极为少量的文章作了相关研究，Rafiq 等认为，工作嵌入与职场偏差行为间存在负相关关系[168]。Singh 在研究中发现，工作嵌入能够预测职场偏差行为，且员工工作投入能够调节工作嵌入与职场偏差行为之间的关系[169]。Darrat 等对销售人员做了相关研究后，提出工作满意度调节工作嵌入对职场偏差行为的关系，即高工作满意度的销售人员中，工作嵌入与组织导向职场偏差行为是负相关关系，但与人际导向职场偏差行为的相关关系不显著[170]。这些成果对本书的理论假设是一个有力支持。

工作嵌入反映了个体对组织的依附程度，即员工与组织密切程度的感受、对组织和工作的依赖感以及不舍得离开组织的意愿等。工作嵌入高的员工表现为对组织比较了解，人际关系较为和谐，与组织的密切程度较高，离开组织的损失可能较高。当遭遇不良事件如组织不公平事件时，工作嵌入度低的员工容易产生不满情绪，为求心理平衡导致职场偏差行为出现的情况较为明显；工作嵌入度高的员工淡化甚至忽略不良事件的居多，因而会较少发生职场偏差行为。基于情感事件理论而言，当员工的工作嵌入程度较高时，意味着员工对组织容易保持理解和宽容的态度，当发生类似组织不公事件时，会减少职场偏差行为的频率或发生职场偏差行为的强度；而当员工的工作嵌入程度较低时，对于组织不公事件的容忍程度较低，易于引发职场偏差行为，或使职场偏差行为的强度增大或激发职场偏差行为发生的频率。

综上所述，基于文献分析、实践中的感受与“大胆假设、小心求证”的心态，本书提出以下假设：

H5：工作嵌入在组织公平与职场偏差行为的负相关关系中起负向调节作用。

工作嵌入可以反映个体对组织的依附程度，工作嵌入高的员工对组织的了解程度较高，与组织的匹配程度也较高，离开组织的损失可能会较大。工作嵌入高的员工，由于对组织的了解程度高，与组织匹配度高，因此常会表现出较强的“与有荣焉”感和与组织的“同呼吸共命运”感。分配公平是员工对获得报酬是否公平的感知。分配公平认为员工对于报酬是否公平的感知不仅取决于绝对报酬，更取决于相对报酬，相对报酬源于与同事的横向获得报酬的对比以及与自己过去的纵向获得报酬的对比。当遭遇分配不公平事件时，工作嵌入低的员工由于与组织的契合度较低，更容易产生不满情绪，为求心理平衡而导致人际导向职场偏差行为和组织导向职场偏差行为；工作嵌入高的员工由于与组织具有较高的匹配程度，对组织的分配公平事件可能会采取积极态度去解决事件，而非实施职场偏差行为以求心理平衡。基于此，本书提出以下假设：

H5-1：高工作嵌入的员工相对于低工作嵌入的员工而言，分配公平对人际导向职场偏差行为的影响会降低；

H5-2：高工作嵌入的员工相对于低工作嵌入的员工而言，分配公平对组织导向职场偏差行为的影响会降低。

工作嵌入表明了员工个体与组织关系网络的密切程度，表现为员工对组织密切程度的感受、对组织和工作的依赖感以及不舍得离开组织的意愿等。工作嵌入高的员工通常表现为工作态度较好、缺勤度低、离职意愿低[86]，当组织出现的不良事件如过程公平事件时，工作嵌入低与工作嵌入高的员工的表现可能截然不同。基于情感事件理论解释，工作嵌入高的员工一般而言对组织具有较高的匹配度，更多地持有宽容的态度，当发生过程公平的事件时，会较少发生职场偏差行为；而当员工的工作嵌入较低时，对于过程公平事件的容忍程度较低，更易于引发职场偏差行为，或使职场偏差行为的强度增大或激发职场偏差行为发生的频率。此处的职场偏差行为，既可能是组织导向职场偏差行为，也可能是人际导向职场偏差行为。基于此，本书提出以下假设：

H5-3：高工作嵌入的员工相对于低工作嵌入的员工而言，过程公平对人际导向职场偏差行为的影响会降低；

H5-4：高工作嵌入的员工相对于低工作嵌入的员工而言，过程公平对组织导向职场偏差行为的影响会降低。

工作嵌入是员工通过情感投入和认知评价等与组织形成的关系网络[143]。关系组带越多，员工的工作嵌入越高。工作嵌入高的员工表现为与组织的社会关系网络密切，员工具备的技能、价值观、职业生涯发展等与组织以及工作的匹配度高，若员工离开组织则会有较大的损失，如丧失在组织中原有的待遇、晋升的机会等。当员工感知上级（管理者）对待自己的态度和方式等与他人相比不公平时，则有可能采取背后议论他人、怠工、迟到、破坏财物等人际导向职场偏差行为和组织导向职场偏差行为，但职场偏差行为发生的频率、程度以及可能性等会受到员工工作嵌入的影响。工作嵌入高的员工，体验到来自上级的互动不公平时，可能会将上级的行为部分地归因为组织（如组织的工作流程、工作制度），或者为上级进行开脱性的解释，这些意味着员工对组织容易保持理解和宽容的态度，当发生互动公平事件时，不一定会通过职场偏差行为释放自己的不满；而工作嵌入低的员工，对于互动不公平事件的容忍程度较低，易于引发职场偏差行为，或使职场偏差行为的强度增大或激发职场偏差行为发生的频率。此处的职场偏差行为，既可能是组织导向职场偏差行为，也可能是人际导向职场偏差行为。基于此，本书提出以下假设：

H5-5：高工作嵌入的员工相对于低工作嵌入的员工而言，互动公平对人际导向职场偏差行为的影响会降低；

H5-6：高工作嵌入的员工相对于低工作嵌入的员工而言，互动公平对组织导向职场偏差行为的影响会降低。

第二节　研究的理论模型构建

本章主要提出了组织公平对职场偏差行为的主效用、工作满意度的中介作用以及工作嵌入的调节作用的理论假设依据。研究提出了 28 条理论假设，汇总如表 3-1 所示。

表 3-1　研究假设汇总

序号	假设描述
H1	组织公平对职场偏差行为产生显著负向影响
H1-1	分配公平对人际导向职场偏差行为产生显著负向影响
H1-2	分配公平对组织导向职场偏差行为产生显著负向影响

续表

序号	假设描述
H1-3	过程公平对人际导向职场偏差行为产生显著负向影响
H1-4	过程公平对组织导向职场偏差行为产生显著负向影响
H1-5	互动公平对人际导向职场偏差行为产生显著负向影响
H1-6	互动公平对组织导向职场偏差行为产生显著负向影响
H2	组织公平对工作满意度产生正向影响
H2-1	分配公平对工作满意度产生正向影响
H2-2	过程公平对工作满意度产生正向影响
H2-3	互动公平对工作满意度产生正向影响
H3	工作满意度对职场偏差行为产生负向影响
H3-1	工作满意度对人际导向职场偏差行为产生负向影响
H3-2	工作满意度对组织导向职场偏差行为产生负向影响
H4	工作满意度在组织公平与职场偏差行为间起中介作用
H4-1	工作满意度在分配公平与人际导向职场偏差行为间起中介作用
H4-2	工作满意度在分配公平与组织导向职场偏差行为间起中介作用
H4-3	工作满意度在过程公平与人际导向职场偏差行为间起中介作用
H4-4	工作满意度在过程公平与组织导向职场偏差行为间起中介作用
H4-5	工作满意度在互动公平与人际导向职场偏差行为间起中介作用
H4-6	工作满意度在互动公平与组织导向职场偏差行为间起中介作用
H5	工作嵌入在组织公平与职场偏差行为的负相关关系中起负向调节作用
H5-1	工作嵌入在分配公平与人际导向职场偏差行为的负向影响关系中起负向调节作用
H5-2	工作嵌入在分配公平与组织导向职场偏差行为的负向影响关系中起负向调节作用
H5-3	工作嵌入在过程公平与人际导向职场偏差行为的负向影响关系中起负向调节作用
H5-4	工作嵌入在过程公平与组织导向职场偏差行为的负向影响关系中起负向调节作用
H5-5	工作嵌入在互动公平与人际导向职场偏差行为的负向影响关系中起负向调节作用
H5-6	工作嵌入在互动公平与组织导向职场偏差行为的负向影响关系中起负向调节作用

在本章的假设分析中，从理论上分析了组织公平（包括分配公平、过程公平和互动公平）对职场偏差行为（包括组织导向职场偏差行为和人际导向职场偏差行为）的影响，员工的工作满意度变量的中介效应，以及工作嵌入变量的调节作用。根据现有研究的不足和构思，结合先前学者研究与本书的关注点，本书将所有的理论假设整合到一个研究框架内，如图 3-1 所示。

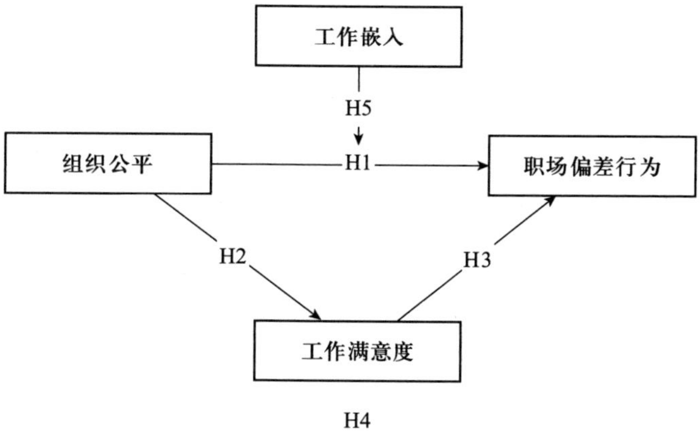

图3-1　组织公平与职场偏差行为影响机制的理论模型

研究模型包括四个基本关系：①组织公平对职场偏差行为的影响；②分配公平、过程公平和互动公平对人际导向职场偏差行为和组织导向职场偏差行为的影响会产生差异；③分配公平、过程公平和互动公平对员工的工作满意度产生影响，进而会影响员工的人际导向职场偏差行为和组织导向职场偏差行为；④分配公平、过程公平、互动公平和工作嵌入的共同作用会影响人际导向职场偏差行为和组织导向职场偏差行为的形成。

本章小结

本章在对国内外文献进行研究的基础上，提出了组织公平对职场偏差行为影响机制的研究假设，工作满意度的中介效用以及工作嵌入的调节效用的理论假设；最后确定了本书的理论模型，进一步明确了研究的思想和研究路径。

第四章　问卷设计与测量量表

本书是对企业员工当前的职场偏差行为、组织公平、工作满意度和工作嵌入等变量的具体感知程度进行的评价，问卷调查的方法非常适用于采集心理和行为表现的数据。因此，本书将问卷调查的方法确定为本次研究的主要方法。在问卷的题项设计中，首先围绕研究假设进行了研究内容的设计，并通过文献梳理及访谈确定了研究变量，将涉及的各个维度以及题项通过分析，最终借鉴了当前信效度高的成熟量表，确定了本次研究问卷的基本题项，在对基本题项进行了修订后，形成了本次调查的测量量表。

第一节　测量量表的编制

本书所用的量表均采用了成熟量表。在量表的选择上，把握了三个原则：①选择最适合此次研究变量的量表；②选择接受程度最广泛的量表；③选择信度和效度较好的量表。在量表选择和设计过程中，本书参考的都是在西方情境下编制的英文量表。为了控制语意产生歧义对问卷效果的影响，对这些量表均用了“翻译+回译”。在实施中，首先邀请了两位博士生（企业管理专业）将原始量表译为中文，再请一位英国留学归来的亲友将中文回译为英文，然后对量表的原文、中文译文和回译的英文进行了讨论，讨论成员包括三位翻译者、一位中文专业的教授、一位人力资源专业的副教授以及研究者组成，对语意有歧义的题项进行了讨论和修改，最终从专家的角度确定了题项的中文表述，形成了本次调研问卷的初稿。其次在预试环节中，分别请七位与研究者相熟悉的企业员工对研究者解释题项含义，并提出建议；研究者带着预试建议分别与两位管理类资深教师、管理博士生对问卷的题项与变量从专业的角度进行了深入探讨后，再次修改了问卷。最后进行了预调查环节，对预调查后的问卷又进行了修改和完善。这样，在正式问卷发放前经历了两轮较大范围的讨论，历经三次修改，最终形成了本次调查的正式问卷。

一、职场偏差行为的测量

本书中，职场偏差行为的定义采用 Bennett 和 Robinson（2000）的界定，即违背组织重要的规则、规范，威胁组织及其成员利益的自愿性的行为。分为组织导向职场偏差行为和人际导向职场偏差行为两个维度。

对“行为”调查研究时，一般根据研究内容以及研究对象的特点，选择谈话、座谈、问卷、测验、实验等方法。此次研究的职场偏差行为是员工主动发出且对组织利益有损害的行为，员工在面对自己是否发生了相关行为的调查时，从主观上更容易藏匿自己发出的职场偏差行为，不告知他人。在针对职场偏差行为的特点对研究方法进行选择中，研究者通过对上述方法进行了文献梳理、比对和选择性的试验后，认为发放问卷的方式是目前最常用、最有效的方法。课题采用了常见的匿名问卷方式，对近一段时间员工自身行为和他人职场偏差行为发生频率的感知填答问卷。

在职场偏差行为的定量研究中，Robinson 和 Bennett 于 2000 年形成了当前的“职场偏差行为量表”（Deviant Workplace Behavior Scale）。该量表在中西方组织情境下均做过实证测量，我国国内学者广泛认可。该量表具有良好的区分效度[173]和较高的信效度[31, 54, 68, 203-204]。高日光[31]、凌文辁[203]、张永军[205]、陈晓暾和党艺伟[206]、王德胜[207]等在对职场偏差行为做相关研究时均采用了该量表。

本书即采用了 Robinson 和 Bennett 的“职场偏差行为量表”[3]。该量表共有 19 个题项、两个维度，即组织导向职场偏差行为与人际导向职场偏差行为。其中，组织导向职场偏差行为有 12 个题项，人际导向职场偏差行为有 7 个题项，量表采用李克特五级量表，备选项为“从不发生—总是发生”（1 为从不发生，5 为总是发生）五个等级，题项均为正向计分。分数的高低表明职场偏差行为发生的频次；分数越高，代表某种职场偏差行为发生的频次越高，分数越低，代表某种职场偏差行为发生的频次越低。

本着与时俱进的理念，本书对职场偏差行为题项的确定进行了分析。如“工作时间浏览私人网页”等行为是否列入职场偏差行为中。步入 21 世纪，互联网对人们的生活、工作产生了巨大的影响，作为终端的手机、电脑也已然成为个人生活和工作的必需品，在职场中，电脑与手机已经成为处理工作的终端。在工作时间中，很难确定手机、电脑是否始终只做与工作相关的事情，而不存在浏览私人网页、做与工作相关的事情——很难区分且一定会存在与工作不相关的事情。

不同的只是程度而已，在与相关学者和员工进行讨论后，最终确定不将关于手机、电脑、互联网等一定存在于职场的偏差行为列入职场偏差行为量表中。经过上述思考和讨论，本书采用了 Robinson 和 Bennett 的原量表[3]。

如前所述，本次问卷将原题项描述语句中的“主人公”做了模糊处理，以避免被调查员工不愿揭示自己本身职场偏差行为的疑虑。量表的具体体现如表 4–1 所示。

表 4–1 职场偏差行为测量量表

维度	编号	题项
人际偏差行为量表	RJ01	在您的工作单位中，诽谤或嘲笑其他同事的行为
	RJ02	在您的工作单位中，对其他同事言语粗鲁的行为
	RJ03	在您的工作单位中，发表对其他同事的评论的行为
	RJ04	在您的工作单位中，说其他同事的坏话的行为
	RJ05	在您的工作单位中，笑话其他同事，使其难堪的行为
	RJ06	在您的工作单位中，对其他同事不文明的举止
	RJ07	在您的工作单位中，让其他同事感到难堪的行为
组织偏差行为量表	ZZ01	在您的工作单位中，未经单位许可，私自挪用公物的行为
	ZZ02	在您的工作单位中，工作时间幻想或做白日梦的行为
	ZZ03	在您的工作单位中，为了拿到比实际花费还高的费用，拿假收据报账的行为
	ZZ04	在您的工作单位中，擅自延长休息时间的行为
	ZZ05	在您的工作单位中，上班迟到的行为
	ZZ06	在您的工作单位中，故意把工作场所弄脏或弄乱的行为
	ZZ07	在您的工作单位中，忽略主管的指示，不服从领导工作安排的行为
	ZZ08	在您的工作单位中，故意放慢工作速度的行为
	ZZ09	在您的工作单位中，与不相关的人讨论有关单位的机密的行为
	ZZ10	在您的工作单位中，酒后上班的行为
	ZZ11	在您的工作单位中，工作不努力的行为
	ZZ12	在您的工作单位中，为多得加班报酬，故意拖延工作进度的行为

二、组织公平的测量

本书中，组织公平的定义采用的是 Colquitt 给出的定义，即员工对组织事件、组织情境是否公平的知觉、感受和判断[18]。在组织中，员工对于各种事物的评价都能形成公平与否的判断，都会是组织公平感知的组成部分。在组织管理中涉及“物”的事物也会引起员工对组织公平的感知，如工作环境的舒适程度、工作所用工具的优劣、工作中授予的相关权限等，这种与物有关的不公平感受会在某个较短的时间内感知明显。随着时间的推移，员工会逐渐调整自己以“适应”这种不公平，且这种公平感知的影响时长和影响范围的不确定性较大。因此，本书不对这类可能产生较短时效的组织公平事件做研究。组织中各种关于人的事务即员工录用、任务分配、培训、绩效评价、晋升、薪酬等都会形成员工对组织公平与否的判断，且由于这些事件往往与个人的切身利益密切相关、事关个人职业生涯，影响面宽且影响力较持久。因此，本书仅以组织中关于人的事务的公平事件作为研究内容。

在组织公平三维度的测量中，受到较多认可的是 Niehoff 和 Moorman 的“组织公平感量表”（Organizational Justice Questionnaire）[208]，该量表包括分配公平、过程公平、互动公平三个维度，20 个题项。肖增瑞和郭东杰等在研究组织公平时均采用该量表[45]，符合中国人使用，具有良好的信度和效度[92]。

组织公平测量量表包括分配公平、过程公平、互动公平三个维度。原量表共有 20 个题项，分别对组织公平的分配公平（5 个题项）、过程公平（6 个题项）和互动公平（9 个题项）三个维度进行测量。采用李克特五级量表，备选项为非常不同意—非常同意（5 为非常同意，1 为非常不同意）五个等级，题项均为正向计分。分数的高低表明员工的认同程度的高低；分数越高，代表认同的程度越高，分数越低，代表认同的程度越低。本次研究所采用的问卷通过了翻译—回译—修改—预答—修改—预调查等环节，最终组织公平的题项删减了 4 个互动公平的测量问题，最终保留为 5 个题项。具体题项如表 4–2 所示。

表 4–2　组织公平测量量表

维度	编号	题项
分配公平	FP01	您的工作安排是合理的
	FP02	就您的职位而言，您的工资是合理的
	FP03	您的工作量是合理的
	FP04	您目前得到的奖励是合理的
	FP05	您感到目前您所承担的工作责任是合理的
过程公平	GC01	公司的工作决策是按照相关工作程序进行的
	GC02	领导制定工作决策前会听取员工的意见和看法

续表

维度	编号	题项
过程公平	GC03	为制定一个正式的工作决策，领导会广泛收集准确的信息
	GC04	领导会向员工讲清工作决策的过程，并且提供所需的信息
	GC05	公司所有的工作决策对所有相关员工都一视同仁
	GC06	公司的员工被允许质疑或反对领导作出的工作决策
互动公平	HD01	与您工作有关的决策，领导会提供决策的理由
	HD02	与您工作有关的决策，领导会关注您的需求
	HD03	与您工作有关的决策，领导会真诚地与您讨论
	HD04	与您工作有关的决策，领导会关心您的权利
	HD05	与您工作有关的决策，领导会解释得非常详尽，使您理解

三、工作满意度的测量

本书在研究中采用了 Hoppock 给出的定义：工作满意是员工对其所从事的工作本身以及工作环境是否满意的感受与看法，是一种心理和生理上的判断[112]。这是一个综合性的概念。

当前较为成熟的工作满意度测量量表有明尼苏达工作满意度量表（Minnesota Satisfaction Questionnaire，MSQ）、工作满意指标量表（Job Satisfaction Index，JSI）、工作描述指标量表（Job Descriptive Index，JDI）以及明尼苏达组织评估问卷（Michigan Organization Assessment Questionnaire，MOAQ）等。在诸多测量量表中，MSQ 和 JDI 在工作满意度研究中的影响比较大，这两个测量量表在满意度的测量、评估等方面奠定了良好的基础。

MSQ（Weiss，1967）测量的是员工对工作整体的满意程度，有长式量表和短式量表两种。长式量表共有 20 个分量表、100 个题项，测量包括个人能力发挥、能动性、成就感、公司培训和权力、自我发展等构面。短式量表共有 3 个分量表、20 个题项，测量外在满意度、内在满意度以及一般满意度三个构面。经过多位学者的使用，MSQ 量表的信效度较高已经被证实。在实证研究中，长式量表在实际使用中的局限性较短式量表多，目前研究者采用 MSQ 量表的短式问卷居多。

JDI（Smith、Kendall 和 Hulin，1969）从员工的工作本身、薪资、晋升、管理及同事五个参考构面测量工作满意度，可以对多种组织的工作满意度进行测量。量表包括 6 个题项（见表 4-3）。目前已被国内外学者广泛采用，且被证实具有较高的信度和效度[96]。量表采用李克特五级量表法，备选项为非常满意—非常不满意（5 为非常满意，1 为非常不满意）五个等级，题项均为正向计分。分数的高低表明员工的工作满足感的程度；分数越高，代表工作满意的程度越高，分数越低，代表工作满意的程度越低。

表 4-3 工作满意度测量量表

编号	题项
MY01	您对自己所从事的工作的性质
MY02	您对您的上司
MY03	您对您与同事之间的关系
MY04	您对您的工作收入
MY05	您对您在公司中能获得的晋升机会
MY06	考虑到工作中的每个方面，您对您当前的工作情形

四、工作嵌入的测量

当前在工作嵌入的测量中，从测量计算的方法看，测量工具被分为两类：一是对工作嵌入的各个方面进行分析，二是综合反映工作嵌入的程度与倾向。这两类测量方法不分优劣，具体选用取决于研究者测量工作嵌入的目的。若想分析员工在组织中关系网络维度间的关系及维度差异，采用分维度测量工作嵌入较好；若要分析员工在组织中形成的关系网络的整体密切程度，采用整体测量为佳。在对工作嵌入具体内容的测量中，测量工具又可以分为两类：初期的测量工具对单一因素划分进行测量，如联结、匹配和牺牲，或职内嵌入与职外嵌入；在学者对工作嵌入认知的不断加深中，对工作嵌入的测量发展为“将工作嵌入的两种维度结合”在一起，即对职内、职外维度与联结、匹配和牺牲维度组合后分别进行测量。

工作嵌入的测量经历了强调“个体—工作”关系到看重“个体—组织”关系转变。Mitchell（2001）等开发的量表受到较多学者的认可，量表考查组织联结、组织匹配、社区联结、社区匹配、组织牺牲、社区牺牲六维度，共计 40 个题项，该量表被广泛使用为工作嵌入领域的基础测量工具[142]。但该量表存在两个较为明显的问题，一是题项较多填答者可能不配合，二是量表的计算得分方法存在丢失有价值信息的风险。Lee 等（2004）对 Mitchell 的测量进行了修订。修订主要涉及两个方面：一是合并了表述重复的题项，形成了有 24 个题项的量表；二是改变了工作嵌入的计分方式——不计算总工作嵌入分值，而对组织嵌入和社区嵌入进行分别计算，明确社区嵌入与组织嵌入的关系，从而可以看到两种嵌入对员工行为表现影响的差异。Cunningham 等（2005）对 Mitchell 量表作了简化处理，将工作嵌入的 6 个维度分别用一个概括性题项进行了表述。Crossley 等（2007）认为，对工作嵌入进行分维度测量是不合理的，提出应从整体视角看待和测量工作嵌入，编制出具有 7 个题项的测量用表，包括如“我觉得自己依附于这个组织”等内容。之后，Crossley 等学者的测量量表被后来的研究者广为使用，如我国学者陈晓暾和党艺伟[206]、陈明[209]、杨月坤和杨惠[210]等在做工作嵌入相关研究时均采用了此量表。工作嵌入测量工具如表 4-4 所示。

表 4-4 工作嵌入测量工具

开发者	年份	维度	题项数量（个）
Mithell 等	2001	六维	40
Lee 等	2004	二维	34
Cunningham 等[245]	2005	六维	6
Crossley 等	2007	单维	7

资料来源：笔者根据文献整理。

本书对工作嵌入概念的界定，采用 Mitchell 等的定义“员工愿意留在当前任职的组织的程度”[142]。研究采用 Crossley 等（2007）开发的工作嵌入量表。该量表将工作与组织作为整体对工作嵌入进行测量，并得到相对广泛的应用。该量表共有 7 个题项，采用李克特五级量表法，备选项为非常同意—非常不同意（5 为非常同意，1 为非常不同意）五个等级，分数的高低表明员工的认可程度的高低；分数越高，代表认可程度越高，分数越低，代表认可程度越低。题项中设置了两个反向题目。具体如表 4-5 所示。

表 4-5 工作嵌入测量量表

编号	题项
QR01	您能感觉到您和单位是紧密联系在一起的
QR02	要离开现在的工作单位对您来说很容易

续表

编号	题项
QR03	您对单位感觉厌倦
QR04	您确实不能草率地离开现在的工作单位
QR05	您非常在意现在的这份工作，不能离开
QR06	您很难作出离开现在单位的决定
QR07	您觉得您对这个工作有比较强的依附感

五、控制变量的分析及选择

控制变量指在进行科学实验时，除实验因素外的其他所有对实验结果可能产生影响的变量，这些变量不是本实验中要研究的变量，也被称为无关因子、无关变量、非实验因素等。将自变量以外的因变量（即控制变量）控制好，就意味着减少了研究干扰，对于厘清研究中涉及的自变量与因变量的关系、实验中的因果关系十分必要。

本书是对人的研究，有一些因素不是我们要研究的变量，但却是实实在在可能会对实验结果产生影响。社会科学研究中最为常见的可能会对实验结果产生丝丝缕缕关系的首推人口统计特征。此处，主要通过对人口统计特征与职场偏差行为的相关文献的梳理和学习，进行控制变量的初步筛选。

在对人口统计特征与职场偏差行为的研究中，常见两种研究做法：一种是研究人口统计特征对职场偏差行为的差异性，另一种是将其作为控制变量研究其他变量与职场偏差行为之间的关系。目前，更多的做法是将其作为控制变量做研究，无论采用哪种研究方式，研究成果有共性，但无统一结论[211]，存在差异性。如在差异性研究中，Murphy 认为，社会心理学和组织行为学的相关研究支持年龄与攻击行为之间的相关性[212]；赵君、蔡翔在对武汉地区 878 份样本进行研究后，提出性别、受教育程度、单位类型和组织规模均对职场偏差行为具有显著差异性影响[13]；陈红等经过实证，认为性别、婚姻状况、学历、单位性质、工龄对员工的一些职场偏差行为有显著差异：男性更易发生职场偏差行为，未婚员工侵占他人物资的倾向及私下说人坏话的行为最多，大学本科学历的员工更易怠惰，而生产企业的员工异于其他类型企业的员工，泄露行为更易发生在工龄 15~20 年的员工中[213]。在将人口统计特征作为控制变量的处理上，国内外学者更易将年龄、学历、性别作为控制变量，还有一些学者将员工在该企业工作年限或工龄也作为控制变量进行研究。如 Martinko 等认为，婚姻状况、年龄、性别、受教育程度、在企业工作年限等人口统计特征会影响职场偏差行为[214]。

人口统计特征与职场偏差行为关系的相关研究整理如表 4-6 所示。

表 4-6　人口统计特征与职场偏差行为关系

人口统计特征	学者（年份）	结论
年龄	Murphy（1993）	年龄对攻击性的差异性显著
性别、年龄、工作年限、受教育程度	张永军（2012，2013）	工作年限有显著性差异，其他无差异
年龄、性别、婚姻状况、受教育程度、在企业工作年限	Martinko 等（2013）	均影响职场偏差行为
性别、受教育程度、单位类型、组织规模	赵君、蔡翔（2014）	均对职场偏差行为具有显著差异性影响
性别、婚姻状况、学历、工龄、单位性质	陈红等（2016）	各项分别对一些职场偏差行为呈现显著性差异
性别、年龄、受教育程度	赵君、赵书松（2016）	年龄、受教育程度有显著性差异，其他无相关

资料来源：笔者根据文献整理。

从当前学者对人口统计特征与职场偏差行为的研究中可以发现，无论是将人口统计特征作为控制变量进行研究，抑或是将人口统计特征作为差异性因素分析，人口统计特征无疑对职场偏差行为有相关性，这是不容忽视的因素。

经过分析筛选后，本书先确定将年龄、婚姻状况、学历、性别及在企业工作年限作为控制变量；在继续筛选控制变量的过程中，发现赵君、蔡翔和陈红等先后通过实证研究，认为企业性质对员工的一些职场偏差行为呈现显著差异，本书研究的主体是企业中的员工。因此，本书将“单位性质”也列为控制变量。如此，本书初步确定了六个控制变量即年龄、性别、婚姻状况、学历、在企业工作年限（即企龄）以及企业性质。

第二节　问卷设计与调研

一、问卷设计的内容

问卷法以提问和回答的形式记载要调查的内容和调查结果，在当今已被广泛使用。调查问卷在问卷调查法中尤为重要，良好的调查问卷中，首先必须阐明问题，并以恰当的形式表达出来。本次调查主题明确，进行了“关于职场心理和行为的问卷”调查。问卷对职场偏差行为、组织公平、工作满意度和工作嵌入四个变量进行调查，主要内容包括以下几部分：

第一，个人基本信息。这部分主要包括员工的性别、年龄、婚姻状态、受教育程度、在该单位工作的年限、参加工作的年限、企业性质等内容。

第二，组织公平量表。从组织公平的三个维度即分配公平、过程公平和互动公平进行测量。

第三，职场偏差行为量表，包括组织导向职场偏差行为和人际导向职场偏差行为的测量。

第四，中间变量量表，包括对工作满意度和工作嵌入的测量。

二、问卷设计的思路及发放形式

（一）调查问卷的设计思路

调查问卷法由于适合采集心理和行为表现，且费时少、样本量大，被本书作为重要的研究方法。问卷的设计要符合合理性、一般性、逻辑性、非诱导性以及明确性等设计原则。本书在问卷设计中关注了以下原则：

（1）合理性原则。本问卷中的每个题项都紧扣研究的主要内容，紧密围绕着研究主题，符合问卷的合理性。

（2）一般性原则。题项的设计经过翻译、回译、讨论、多次修改等环节，避免了可能出现的常识性错误，题项的本身也具有普遍意义（如对于不具有普遍意义的可能产生组织公平问题的内容，在确定研究内容时就已被剔除），这符合问卷设计的一般性原则。

（3）逻辑性原则。问卷的设计具有整体感，同一研究主题下的各个题项以及题项间均具有较好的逻辑性和条理性（表现在各主题下的题项表述以及各题项备选答案的设计上）。

（4）明确性原则。问卷设计的明确性是指题项设置的规范性，具体指命题是否准确、提问清晰与否以及是否便于回答等。本问卷采用了李克特五级量表，对“满意”和“发生”的程度进行测量，较为清晰且便于回答，符合问卷设计的明确性原则。

（5）非诱导性原则。对于非诱导性原则主要指设置的题项应不带有感情色彩或主观臆断，完全将被访者置于客观和独立的位置上进行调研。

本书是对行为进行的调查，这些行为在每个人的认知中总会形成“对”与“错”的价值观判断。故而，在设计问卷时，经过分析与讨论，特将职场偏差行为各题项的主体做了模糊化处理，以避免主观态度上出现的回答偏差。

在设计问卷之初，本书首先确定了变量的测量用表将在国内外成熟量表的基础上做调整；其次确定了使用李克特五级量表；最后确定了问卷的发放形式为纸质问卷和电子问卷并用的方式。

（1）对变量测量量表的开发思路。通过对大量文献的梳理，发现本书涉及的主要变量职场偏差行为、组织公平、工作满意度、工作嵌入等，学者们从不同角度做了较多的研究，且根据不同的研究目的已开发了多个量表，且每个变量目前都有与本书内容较相符、信效度比较高的测量量表。因此，本书决定选择国内外较成熟的量表作为基础量表，在对成熟量表经过翻译—回译—讨论—修改—预试—修改—预调查—再修改等过程后，最终确定本次问卷的调查题项。

（2）量表的评分选择李克特五级量表。李克特量表是最常用的评分加总式量表之一，是由美国社会心理学家李克特在 1932 年对原有的加总量表改进形成的。五级量表要求被试者对与测量主题有关的陈述句表明自己的态度，态度程度有“非常同意”“同意”“不一定”“不同意”“非常不同意”五种回答，分别记为 1、2、3、4、5，每位被试者的态度总分就是自己对每个题项得分的加总，总分就表明了被试对某方面的态度强弱或该量表上的状态。本书的主要变量均为行为和态度表现，故度量方式采用李克特五级量表是较合适的方法。

（3）对题项描述的说明。本问卷所调查的内容，包括特征、行为和态度三种问题，特征问题是测量被调查者基本情况的问题，如年龄、性别、受教育程度等；行为问题是测量被调查者已经发生过的或现在进行的实际事件或行为；态度问题也是本问卷中的主要部分，态度是个人心理倾向的表现，在正常情况下，人们都会有一种本能的防御心理，被调查者往往在这种心理下不愿透露自己的真实想法。本书中大多数职场偏差行为问题是行为问题，职场偏差行为问题和多数态度问题都会使被调查者本能的生出排斥心理，因此被调查者容易发生隐藏真实的行为和态度或做不真实的回答。这是本次调查中特别需要注意的问题。对于职场偏差行为问题的问卷设计，Stewart 等（2009）使用 Bennett 和 Robinson[3] 的职场偏差行为问卷时将自陈式问卷改为非自陈式问卷，即从主管和同事等工作相关的人员处获取职场偏差行为的评价。如将原问卷描述“为了拿到比实际花费还高的费用，您有拿假收据报账的行为”改为“在您的工作单位中，为了拿到比实际花费还高的费用，拿假收据报账的行为”。本书对于职场偏差行为题项的设计即借鉴了此思路。

（4）对问卷可能存在的系统偏差的考量。问卷的研究中广泛存在同源偏差，也称共同方法变异（Common Method Variance，CMV）[197]，是指两个变量间表现出的关系并非真实变量间的关系，而是因为采用同样的测量工具（如测量环境、数据来源、语境及研究自身的特征）产生的系统误差[197-198]。社会赞许性偏差（Social Desirability）是另一种可能影响测量准确度的重要因素。这种偏差是自我陈述类问卷回答者为博取他人的称许而做出符合文化偏好和社会规范认知的选项。高敏感性问题容易招致被试者做“规范性回答”[199]，本书研究的内容与组织关系紧密，涉及同事、自己的负面评价和忠诚等问题，可以看作高敏感性问题，因而可能存在社会赞许性偏差。

（5）问卷编排。针对本次问卷中可能会出现的上述两种系统偏差，在问卷编排上，本书采取了如下控制措施：①隐藏问卷提示语与题项的意义。常见的问卷是把研究的名称和调研内容在卷首语中告知被试者，但这样做的一个较大的弊病是容易出现 CMV，因此本书采用了模糊的问卷名称，在设计问卷提示语和变量时使用了中性的描述方式[200]，且隐匿了变量的名称。②岔开同一变量的题项进行编排。在问卷中，将同一变量的题项连续编排在一起，容易使被试在防御心理下进行答卷，或是有意对同类题目做一致回答，这样会造成答案高度相似，但形成不是真实感受的结果。本问卷将相同选项特征的题项做了岔开排序处理。③进行了反向题项的设计。在心理学和社会科学等研究中，反向题项（Reversed Items）的设计对探知和防范被试随意回答具有较好的效果，还可以用于判断被试者一致性动机。本问卷对原量表进行了微调，设置了反向题项。④被试的来源广泛，并未集中于某些企业。减少和避免 CMV 问题的最好的做法就是从不同来源收集测量数据[201]，本书的被试来源广泛，数据的来源具有多样性，可从一定程度上减少 CMV 问题。

（二）问卷的发放形式

问卷发放的流程和形式。问卷初步设计完成后，在经历了“预试—修改—预调查—修改”过程，最终形成了此次研究的正式问卷。

（1）在预试过程中，邀请了 7 位与研究者相熟的不同企业、受教育程度有差异的员工，请他们向研究者解释问卷中每一题的意义，希望及早发现可能隐藏的问题[202]。对预试后的问卷，在不更改最初语义的情况下对很难回答的、晦涩的、太过敏感的问题做了反复推敲，形成了本书的预调查问卷；预调查的样本利用了便利原则，没有经过正式的统计抽样决定[202]。

（2）本书的预调查采用了两种形式：①用电子问卷和纸质问卷通过友好关系，滚动找寻被试者填答问卷（收回问卷 85 份，其中有效问卷 79 份）；②预调研形式，通过“上层路线”取得“官方样本”，具体来说选择了当地一家上市公司和一家民营企业通过企业高管支持，企业组织员工填答问卷（收回问卷 120 份，其中有效问卷 75 份）。在对样本进行分析后发现，“官方样本”的有效率明显低于“非官方样本”的有效率（表现为较明显的社会赞许型偏差，规律性答题以及空白题项较多）。经过访谈及相关讨论，研究者认为，从企业官方回收的问卷废卷率较高的原因有如下几个：员工的掩饰性回答——不愿意暴露企业与自己的“短处”；赞许性回答——选择符合社会规范的答案；敷衍回答——规律性答案以及雷同问卷。

值得注意的是：本次预调查采用的问卷有两个版本，根据其发放渠道的区别，暂且命名为“官方版问卷”和“非官方版问卷”。在预调查环节——对企业发放问卷前，两个公司均要求回避企业敏感问题或不便于调研的问题，经过研究者删减了相关题目并两次修改后才允许发放到该企业，如此修改后形成了“官方版问卷”；“非官方版问卷”是研究者未通过企业官方渠道，自行滚动发放的调查问卷，该问卷能更全面地展现研究者的意图。

三、预调查

为了使问卷更为有效，研究进行了预调查。进行预调查的目的有两个：一是希望对问卷中题项的必要性进行筛查，筛除不必要的问题；二是希望对题项的措辞、语义甚至可能存在的歧义等问题进行再次筛查。如前文所述，研究进行了预调查，回收了 154 份有效问卷，在用 SPSS 22.0 对题项进行信效度检验时发现尚存在不必要的题项，将这类题项作为“垃圾题项”处理，对其进行了删减；在对预调查中存在语义、歧义和过于理论化问题的题项征求了被调查者的意见后，研究者对题项及措辞进行了再次修改，并使之完善。

四、问卷正式调查

如前所述，研究者在对预调查问卷发放环节中遇到的问题以及预调查数据分析后，最终确定本次问卷发放以预调查问卷时采用的“非官方版问卷”为基础，形成此次研究的正式问卷；经讨论，将本次研究所采用问卷的正式发放形式确定为“非官方版问卷”以及“纸质版 + 电子版”。研究采用了传统的纸质问卷与电子问卷（问卷星平台及邮箱）相结合的方式进行问卷发放。在实际调查中，由于电子问卷在问卷扩散方面呈现出的绝对优势，以及填写的便利性，大多数被调查者采用了电子问卷的方式填答了问卷。在调查中，由于随机样本难以获得，且获得的数据需具有代表性，因此本书主要依据关系原则和便利原则，对亲朋好友进行了地毯式的电话访谈，邀请符合条件的人员进行问卷填写，并请他们滚动发放问卷。

在此，对问卷选择“非官方版问卷”发放形式有一个特别说明：之前在阅读文献中发现，对于问卷调查法，大多采用自我报告法收集研究资料，且可信度高。本次调查的主题是职场偏差行为，在中国社会，只要员工身处组织中，无论其组织背景如何，员工在填写偏离职场相关心理和行为的问卷时，出于社会规范认知和约束，大多数情况下都不太愿意暴露自己的态度和行为取向，不太可能遵从事实填写，且试答问卷分析中明显地暴露出该问题。因此，本书在组织范围内通过管理者让员工自我报告其职场偏差行为情况，很难拿到较为准确客观的数据。最终，样本发放选择了“非官方版问卷”，即不通过管理人员、不通过任何组织层面，仅针对个人进行了问卷发放与填答；问卷不针对具体组织进行大量发放；发放以电子问卷方式为主。

在问卷实际发放中，问卷仅对组织供职的员工发放，未限定特定地区。研究者利用了关系原则与便利原则，仔细梳理可能填答问卷的被试者以及可能帮助发放问卷的问卷发放者，采用逐一电话拜访、视频拜访或上门拜访的形式委托其帮忙发放问卷，强调问卷的重要性及发放规则；在问卷中采用了能引起填答者兴趣并谨慎回答的设置。从 2016 年 12 月下旬到 2017 年 2 月下旬（主要利用问卷星的方式），采用了滚雪球式的办法发放问卷，收回问卷 358 份；2017 年 4 月 2 日，持续一个星期，收回问卷 44 份，共回收问卷 402 份。回收的问卷从回答终端的 IP 地址归属看，问卷填答者主要来自宁夏、陕西、新疆、内蒙古等多个省份。在对数据进行审查时，对存在以下问题的问卷进行了删除处理：①与反向题前后矛盾的问卷；②有明显规律的问卷，如同一得分的答案呈“Z”形、“S”形等，或连续有 10 个以上同一得分的题项。测量问卷共回收 402 份问卷，经过筛选后，最终获得有效样本 366 份。

第三节　信度及效度分析

一、信度分析

信度是测量变量时量表具有的一致性程度[14, 215]。Cronbach α 系数常被用来衡量样本的信度，量表内部的一致性程度越高，Cronbach α 系数越高，表明量表的信度越好。Nunnally 提出，小于 0.35 时的 Cronbach α 系数被认为信度很低，高于 0.7 的样本信度较高[215]。本书采用此标准。

本书将全部 366 份数据用于检验，用 SPSS 22.0 进行了数据的前期分析，所有变量的 Cronbach α 系数均大于 0.7（最低为 0.851），表明了变量的信度较高，样本适合做数据分析，具体如表 4–7 所示。

表 4–7　变量的内部一致性系数（N=366）

变量	分配公平	过程公平	互动公平	人际偏差	组织偏差	工作满意度	工作嵌入
题项数	5	6	5	7	12	6	5
α 系数	0.851	0.891	0.911	0.896	0.921	0.882	0.839

二、效度检验

效度指量表所测量的结果在多大程度上反映所要测量的变量。通常的研究会对变量的内容效度与建构效度进行检验，此处也如此。

（一）内容效度

内容效度（Content Validity）是量表中的测量题项涵盖构念全部内容的分析[14]。内容效度的判断常采用定性方法，主要是借用专家对变量的属性、维度、边界等内容的研究成果。本书为确保较高的内容效度采用了四个环节：

第一，尽可能采用有较高信效度的成熟量表，且量表被多次证明有较高的信效度。

第二，量表翻译过程中，由翻译小组讨论，且又进行了中文回译，对比后无异议才将其作为量表初稿。在量表最终确定前，分别与管理类资深教师、管理博士生对问卷的题项与变量的相关性、题项与变量的理论边界、题项与测量维度的涵盖以及措辞等方面进行深入的探讨。

第三，在确定了量表，且未开始调查时，请了七位不同受教育程度的熟人（在企业工作）对问卷的题项进行解读，对晦涩、难懂、有歧义的题项再次修改。

第四，采用了预调查环节，并在此基础上对量表进行了修订，形成了最终的正式量表。

经过以上四个环节，本书认为，此次使用的量表具有较高的内容效度。

（二）变量效度

变量效度是指实际测量与理论的一致程度。在对实际数据的维度与理论得来的维度是否一致的判断中，本书采用探索性因子分析（Exploratory Factor Analysis，EFA）和验证性因子分析（Confirmatory Factor Analysis，CFA）的方法进行。在效度检验中，对366份有效问卷采用了样本序号奇偶分半的操作，分别用于进行EFA和CFA。EFA检验将探索变量由哪些维度构成，用SPSS 22.0分析奇数序号的183份数据进行；CFA检验可以对变量做验证性因素分析，分析因素的聚合效度和判别效度，采用AMOS 23.0对偶数序号的183份数据进行分析；366份整体有效数据全部用于做验证性假设分析。

1. EFA检验

本书的测量样本的因素效度检验用EFA进行。EFA可探索变量由哪几个维度构成，主成分分析和方差最大正交旋转常被用于判断变量的构成维度及载荷。

根据Churhill（1979）的观点，本书对本次样本数据进行分析前，进行了

“垃圾题项”的净化[①]，采用了 CICT 分析[②]。若 CICT 系数小于 0.4，如没有特别理由将会对该题项作删除处理。在对量表结果的 CICT 分析中发现，工作嵌入变量中有两个题项的 CICT 值均在 0.4 以下，且删除该题项后 α 系数增加，则判定这两个题项为“垃圾题项”，其余题项 CICT 值均在 0.4 以上。因此，删除了两个“垃圾题项”。净化后的内部一致性如表 4-8 所示。

表 4-8 样本变量的 CICT 及内部一致性（N=183）

变量	题项编号	CICT 系数	删除后的 α 系数	整体 α 系数
分配公平	FP01	0.594	0.839	0.851
	FP02	0.698	0.811	
	FP03	0.652	0.823	
	FP04	0.674	0.818	
	FP05	0.710	0.808	
过程公平	GC01	0.704	0.873	0.891
	GC02	0.816	0.854	
	GC03	0.793	0.859	
	GC04	0.682	0.877	
	GC05	0.700	0.874	
	GC06	0.570	0.893	
互动公平	HD01	0.769	0.893	0.911
	HD02	0.760	0.895	
	HD03	0.825	0.881	
	HD04	0.758	0.895	
	HD05	0.766	0.893	
人际导向职场偏差行为	RJ01	0.671	0.885	0.896
	RJ02	0.658	0.885	

① “净化题项”就是合理删除归类不明确的因子（题项）；“垃圾题项”指多余、无法归类的因子（题项）。

② CICT（Corrected Item-Total Correlation）指标，即“更正项目后的总相关性”，这个指标用于衡量数据的可靠性，用于辨别不属于同一构念的题项；其实质是将同一构念下的每个题项的相关性进行检验，CICT 值低的题项意味着不属于该构念，故将该题项剔除。CICT 可以借助 SPSS 软件进行。根据 Churhill（1979）的观点：在其他指标正常的状况下，若某题项的 CICT 值小于 0.4，则意味着该题项与其他题项的相关性均太低，应该删去该题项。

续表

变量	题项编号	CICT 系数	删除后的 α 系数	整体 α 系数
人际导向职场偏差行为	RJ03	0.580	0.893	0.896
	RJ04	0.744	0.875	
	RJ05	0.844	0.862	
	RJ06	0.711	0.879	
	RJ07	0.693	0.881	
组织导向职场偏差行为	ZZ01	0.692	0.914	0.921
	ZZ02	0.612	0.917	
	ZZ03	0.707	0.913	
	ZZ04	0.488	0.924	
	ZZ05	0.676	0.914	
	ZZ06	0.724	0.913	
	ZZ07	0.737	0.912	
	ZZ08	0.803	0.909	
	ZZ09	0.783	0.910	
	ZZ10	0.576	0.918	
	ZZ11	0.664	0.915	
	ZZ12	0.669	0.915	
工作满意度	MY01	0.669	0.915	0.882
	MY02	0.687	0.863	
	MY03	0.588	0.877	
	MY04	0.735	0.854	
	MY05	0.669	0.865	
	MY06	0.779	0.847	
工作嵌入	QR01	0.620	0.812	0.839
	QR02	0.653	0.804	
	QR03	0.745	0.775	
	QR04	0.628	0.810	
	QR05	0.567	0.826	

在对各变量进行因子分析前，需先采用 KMO 判定及 Bartlett 球形检验，对变量是否可进行因子分析做出判断。一般认为，KMO ≥ 0.5 适合做因子分析[216]。数

据分析结果表明，7 个变量的 KMO 值均在 0.5 以上（最低值为 0.813），且 Bartlett 球形检验均通过（见表 4–9），说明各变量存在共同因素，适合做因子分析。

表 4-9 样本变量的 CITI 及内部一致性（N=183）

变量	题项	因子载荷	KMO	Bartlett 球形检验	特征根	累计解释方差（%）
分配公平	FP01	0.737	0.813	0.000	3.150	63.004
	FP02	0.814				
	FP03	0.789				
	FP04	0.795				
	FP05	0.830				
过程公平	GC01	0.804	0.873	0.000	3.905	65.075
	GC02	0.886				
	GC03	0.871				
	GC04	0.784				
	GC05	0.796				
	GC06	0.682				
互动公平	HD01	0.856	0.885	0.000	3.696	73.924
	HD02	0.848				
	HD03	0.894				
	HD04	0.848				
	HD05	0.853				
人际导向职场偏差行为	RJ01	0.755	0.875	0.000	4.344	62.060
	RJ02	0.746				
	RJ03	0.687				
	RJ04	0.821				
	RJ05	0.899				
	RJ06	0.801				
	RJ07	0.789				
组织导向职场偏差行为	ZZ01	0.745	0.927	0.000	6.582	54.850
	ZZ02	0.673				
	ZZ03	0.757				
	ZZ04	0.549				

续表

变量	题项	因子载荷	KMO	Bartlett 球形检验	特征根	累计解释方差（%）
组织导向职场偏差行为	ZZ05	0.734				54.850
	ZZ06	0.783				
	ZZ07	0.793				
	ZZ08	0.851				
	ZZ09	0.838				
	ZZ10	0.646				
	ZZ11	0.724				
	ZZ12	0.742				
工作满意度	MY01	0.742	0.884	0.000	3.789	63.152
	MY02	0.787				
	MY03	0.708				
	MY04	0.826				
	MY05	0.772				
	MY06	0.861				
工作嵌入	QR01	0.765	0.840	0.000	3.048	60.968
	QR02	0.790				
	QR03	0.855				
	QR04	0.772				
	QR05	0.716				

由表 4–9 分析得知，各变量的维度划分均与量表的理论维度达成了一致，变量均为单维度，每个变量的因子载荷值都在 0.5 以上（最高为 0.899，最低为 0.549），累计解释方差也都高于 50%，表明提取的因子用来解释大部分方差是可行的。

2. CFA 检验

对量表的效度检验，常采用验证性因素分析其聚合效度和判别效度。本书对变量的 CFA 分析采用了 AMOS 23.0 软件，用以分析各个变量的判别效度（Discriminant Validity）与聚合效度（Covergent Validity）。分析结果如表 4–10 所示。用验证性因子分析方法检验量表效度时，需要对模型的整体拟合情况进行判定。本书选取判断拟合优度的判定指标为 CMIN、χ^2/df、NFI、GFI、TLI、

CFI、IFI 及 RMSEA 等。被学者较为认同的几项指标判定标准为：χ^2/df 在 1~3 较好[217]，GFI、NFI、TLI、IFI、CFI 等高于 0.9 较好[218]；MacCallum 等（1996）认为，RMSEA 的临界标准定低于 0.08。由表 4-10 可知，各变量的 χ^2/df 均在 1~3，各个变量的 GFI、NFI、IFI、TLI、CFI 则高于 0.9，RMSEA 都低于 0.08，总的来看，所有变量的拟合优度都较好，可用被用来做基础分析。

表 4-10　变量的 CFA 结果及拟合优度（N=183）

变量	题项	标准载荷	CMIN	F	P	χ^2/df	GFI	NFI	IFI	TLI	CFI	RM-SEA
分配公平	FP01	0.638	7.257	4	0.123	1.814	0.984	0.982	0.992	0.979	0.992	0.067
	FP02	0.715										
	FP03	0.699										
	FP04	0.857										
	FP05	0.814										
过程公平	GC01	0.703	13.526	8	0.095	1.691	0.976	0.979	0.961	0.984	0.991	0.062
	GC02	0.854										
	GC03	0.884										
	GC04	0.879										
	GC05	0.569										
	GC06	0.666										
互动公平	HD01	0.821	12.041	8	0.149	1.505	0.975	0.979	0.993	0.991	0.993	0.053
	HD02	0.816										
	HD03	0.804										
	HD04	0.841										
	HD05	0.814										
WDB-I	RJ01	0.598	14.359	10	0.157	1.436	0.981	0.984	0.995	0.990	0.995	0.049
	RJ02	0.661										
	RJ03	0.586										
	RJ04	0.874										
	RJ05	0.900										
	RJ06	0.875										

续表

变量	题项	标准载荷	CMIN	F	P	χ^2/df	GFI	NFI	IFI	TLI	CFI	RMSEA
WDB-I	RJ07	0.842										
WDB-O	ZZ01	0.774	58.641	45	0.83	1.303	0.950	0.954	0.989	0.984	0.989	0.041
	ZZ02	0.641										
	ZZ03	0.738										
	ZZ04	0.584										
	ZZ05	0.722										
	ZZ06	0.710										
	ZZ07	0.788										
	ZZ08	0.842										
	ZZ09	0.680										
	ZZ10	0.612										
	ZZ11	0.751										
	ZZ12	0.702										
工作满意度	MY01	0.609	7.267	7	0.402	1.038	0.987	0.985	0.999	0.999	0.999	0.014
	MY02	0.682										
	MY03	0.546										
	MY04	0.766										
	MY05	0.771										
	MY06	0.893										
工作嵌入	QR01	0.790	4.668	4	0.323	1.167	0.990	0.967	0.995	0.987	0.995	0.030
	QR02	0.207										
	QR03	0.512										
	QR04	0.504										
	QR05	0.627										

注：表中 WDB-I 指人际导向职场偏差行为，WDB-O 指组织导向职场偏差行为。

本章小结

本章对研究的问卷设计、测量量表以及量表的信效度做了阐释与分析。问卷在对西方信效度较高的原测量量表进行翻译—回译—讨论—修改—预试—修改—预调研—再修改等环节，明确了组织公平、职场偏差行为、工作满意度和工作嵌入四个变量的基本调查题项；从问卷设计到形成最终问卷历经了近一年的时间，经过了上述若干环节形成了适合本研究的问卷；问卷确定发放形式采用“非官方版问卷”以及“纸质版 + 电子版”。

对本书而言，控制变量是可能影响数据分析效果的次要变量，是实实在在存在的干扰因素，本章对于研究可能涉及的控制变量进行了分析，在比对分析后选择了性别、年龄、学历、在企业工作的年限（企龄）以及企业性质等人口统计特征作为本书的控制变量。

第五章　组织公平对职场偏差行为影响机制的实证分析

本章以前述文献研究为基础，依照研究设计流程进行了大样本的数据调查，采用 SPSS 22.0 和 AMOS 23.0 对先前的研究假设进行了验证，最后对研究结果进行了分析和讨论。

第一节　描述性统计分析

本书从组织公平视角对企业员工的职场偏差行为影响机制进行研究，在对文献的研读中发现人口统计特征对职场偏差行为会发生影响。经过文献梳理后，本书的人口统计特征包括性别、年龄、婚姻、受教育程度、企龄及企业性质。样本的人口统计特征描述分析情况如表 5-1 所示。

表 5-1　样本的人口统计特征描述性分析（N=366）

人口统计特征	样本特征	频数（人）	百分比（%）	累计百分比（%）
性别	男	182	49.7	49.7
	女	184	50.3	100.0
年龄	25 岁及以下	39	10.7	10.7
	25~35 岁	115	31.4	42.1
	35~45 岁	118	32.2	74.3
	45~55 岁	91	24.9	99.2
	55 岁以上	3	0.8	100.0
婚姻	已婚	273	74.6	74.6
	未婚	83	22.7	97.3

续表

人口统计特征	样本特征	频数（人）	百分比（%）	累计百分比（%）
婚姻	离异	10	2.7	100.0
	丧偶	0	0	100.0
受教育程度	高中及以下	19	5.2	5.2
	大专	72	19.7	24.9
	本科	218	59.5	84.4
	硕士及以上	57	15.6	100.0
企龄	1 年以下	59	16.1	16.1
	1~2 年	32	8.7	24.8
	2~4 年	37	10.2	35.0
	4~7 年	51	13.9	48.9
	7~10 年	30	8.2	57.1
	10 年以上	157	42.9	100.0
企业性质	合资 / 外商独资	20	5.5	5.5
	国有企业（包括集体企业）	131	35.8	41.3
	私营企业	123	33.6	74.9
	其他企业	92	25.1	100.0

从表 5-1 结果可知，在性别上，男性占 49.7%，女性占 50.3%，男性略低于女性，样本基本无偏离；在年龄上，25 岁及以下占 10.7%，25~35 岁占 31.4%，35~45 岁占 32.2%，45~55 岁占 24.9%，55 岁以上占 0.8%，且 25~55 岁合计 88.5%，25 岁以下及 55 岁以上员工占极少数，仅有 11.5%；在婚姻状况上，已婚占 74.6%，未婚占 22.7%，离异仅占 2.7%，丧偶为 0，表现出样本婚姻状况正常；在教育程度上，高中及以下占 5.2%，大专占 19.7%，本科占 59.5%，硕士及以上占 15.6%，被调查的样本受教育程度较高，本科学历员工为主，大专、硕士及以上人数较为接近；在企龄上，1 年以下占 16.1%，1~2 年占 8.7%，2~4 年占 10.2%，4~7 年占 13.9%，7~10 年占 8.2%，10 年以上 42.9%，样本在企业中属于工作较稳定的状态，2 年以内企龄的有 24.8%，2 年以上企龄的员工占 75.2%，被调查样本的企龄状态比较稳定；在企业性质上（本书从学理的角度对其进行了分类），合资 / 外商独资企业占 5.5%，国有企业（包括集体企业）占 35.8%，私

营企业占 33.6%，其他企业占 25.1%，被试样本的单位类型以国有企业和私营企业为主，共有 69.4%。从总体样本来看，分布无异常，适合对之进行数据分析。

第二节 方差分析

以往研究中的一些人口统计特征对本书研究的部分变量有影响。本书在文献分析和访谈中发现，性别、年龄、婚姻、受教育程度、企龄和企业性质等很可能对员工的职场偏差行为有显著的影响。因此，本书采用方差分析的方法对课题中人口统计特征与研究变量是否存在显著差异进行了研究，并依据验证结果确定是否将该人口统计特征作为控制变量纳入总模型中。

在方差分析中，对样本人口统计特征的均值差异做了统计的分析。分析时，除性别（男 / 女）特征是两组数据进行对比，其他的人口统计特征分组均在两组以上。因此，对性别特征分析采用的是独立样本 T 检验的方式，其他的特征分析采用的是单因素方差分析。在方差分析中，首先，对方差做齐性检验，当方差为齐性（即显著性水平 Sig.>0.05）时，则采用 T 检验中的 LSD 法对各组均值进行了成对比较；当方差显示为不齐性（Sig.<0.05）时，则采用 T 检验中的 Tamhane's 法对各组均值进行了配对比较。其次，当被检验的人口统计特征与其他变量存在显著差异，进一步对该特征分组进行多重比较 T 检验，用以发现具体特征分组间的差异，进而可对重点组别采取相应措施。

一、性别对各变量的影响分析

对性别特征进行了独立样本 T 检验，判断不同性别的员工在各个变量中是否存在显著差异。分析结果（见表 5–2）表明，在置信水平为 95% 的情况下，性别与所有变量的齐性检验值均大于 0.05，表明男女性别分组满足齐性检验；性别对各变量的显著性均大于 0.05，说明在 $\alpha=0.05$ 显著性水平下，F 检验是不显著的，即认为男女性别对分配公平、过程公平、互动公平、人际导向职场偏差行为、组织导向职场偏差行为、工作嵌入以及工作满意度等方面均无显著差异，因此，性别特征将不被作为控制变量进行相关研究。

表 5-2 性别对各变量的影响作用分析

因变量	方差齐性检验			均值差异检验	
	F 值	显著性概率	是否齐性	显著性概率	是否显著
分配公平	2.472	0.117	是	0.647	否
过程公平	0.255	0.614	是	0.985	否
互动公平	0.029	0.864	是	0.450	否
WDB–I	0.899	0.344	是	0.201	否
WDB–O	1.665	0.198	是	0.091	否
工作嵌入	0.314	0.575	是	0.180	否
工作满意度	0.361	0.548	是	0.229	否

注：①判断方差齐性和均值差异显著的标准均为 $P<0.05$；② WDB–I 指人际导向职场偏差行为，WDB–O 指组织导向职场偏差行为。

二、年龄对各变量的影响分析

对年龄特征进行了单因素方差分析，判断不同年龄的员工在各个变量中是否存在显著差异。分析结果（见表 5–3）表明，在置信水平为 95% 的情况下，不同年龄分组均满足齐性检验；不同年龄组的员工在分配公平、过程公平、互动公平、工作嵌入以及工作满意度等方面均无显著差异；但不同年龄分组的员工在人际导向职场偏差行为和组织导向职场偏差行为变量有显著差异。因此本书将年龄特征作为控制变量进行相关研究。

表 5-3 年龄对各变量的影响作用分析

因变量	方差齐性检验			均值差异检验		
	F 值	显著性概率	是否齐性	F 值	显著性概率	是否显著
分配公平	3.769	0.005	是	0.311	0.870	否
过程公平	1.721	0.145	是	1.077	0.368	否
互动公平	1.883	0.113	是	1.904	0.109	否
WDB–I	1.388	0.237	是	3.447	0.009	是
WDB–O	1.302	0.269	是	2.657	0.033	是
工作嵌入	1.357	0.248	是	1.513	0.198	否
工作满意度	1.792	0.130	是	0.661	0.619	否

注：WDB–I 指人际导向职场偏差行为，WDB–O 指组织导向职场偏差行为。

进一步对年龄分组多重比较 T 检验发现（见表 5-4），高年龄组员工的人际导向职场偏差行为和组织导向职场偏差行为显著多于低年龄组的员工，具体来说：① 45~55 岁年龄组的员工的人际导向职场偏差行为和组织导向职场偏差行为均显著高于 25~45 岁的员工；② 55 岁以上员工的人际导向职场偏差行为显著高于 25~35 岁的员工；③ 25~45 岁员工的人际导向职场偏差行为和组织导向职场偏差行为均显著低于高年龄组的员工。

表 5-4　年龄对职场偏差行为影响的两两比较

变量	分析方法	I 值	J 值	均值差（I-J）	标准误	显著性概率
WDB-I	LSD	45~55 岁	25~35 岁	0.36131**	0.11628	0.002
			35~45 岁	0.23452*	0.11562	0.043
		55 岁以上	25~35 岁	1.03478*	0.48470	0.033
WDB-O	LSD	45~55 岁	25~35 岁	0.32777**	0.10974	0.003
			35~45 岁	0.22068*	0.10912	0.044

注：①由于比较较多，本研究仅列出了对比检验结果中有显著差异的比较结果；② *、**、*** 分别表示显著性水平为 10%、5%、1%；③ WDB-I 指人际导向职场偏差行为，WDB-O 指组织导向职场偏差行为。

本书中，年龄分组对人际导向职场偏差行为和组织导向职场偏差行为均有显著差异，可从职业生涯发展理论一窥其可能的原因。美国职业管理学家萨柏（Donald E. Super）将职业生涯划分为五个阶段：其中，25~44 岁是职业生涯的探索（Exploration）阶段，这个阶段中的员工一般选定职业领域，投入某一工作，并寻求职位上的升迁；45~64 岁的员工处于维持（Maintenance）阶段，一般表现为守住工作，维持目前状态，为退休做准备。本书认为：我国员工在 25~44 岁的行为与萨柏理论无大区别，主要表现为稳定在一个领域、且有较为强烈的晋升和发展动机，因此这些员工一般表现为努力工作，故而职场偏差行为较少发生；45~55 岁员工在我国也属于是维持阶段，在这个阶段，如果升职无望、薪酬令人不满等，员工会表现为守住当前工作状态，对于工作中的不满会用发牢骚、背后说他人坏话甚至危害组织利益的行为寻求心理平衡，进而产生较高的人际导向职场偏差行为和组织导向职场偏差行为；55 岁以上员工是临近退休的员工，这部分员工多会远离权力中心，且出于对安全退出职业生涯的需要，因此即使有不满导致，引起职场偏差行为也多是针对人的行为，而非针对组织的偏差行为。赵君实证分析后提出，45 岁以上群体由于晋升无望、薪酬令人不满等原因导致出现人际导向职场偏差行为和组织导向职场偏差行为最高[13]。

三、婚姻对各变量的影响分析

对婚姻特征进行了单因素方差分析，判断不同婚姻组别的员工在各个变量中是否存在显著差异。分析结果（见表 5-5）表明，在置信水平为 95% 的情况下，不同婚姻组别除过程公平外，其余变量均满足齐性检验；婚姻分组不同的员工在分配公平、过程公平、互动公平、人际导向职场偏差行为、组织导向职场偏差行为以及工作满意度等方面均无显著差异；但婚姻状况对工作嵌入变量有显著差异。因此，本书将婚姻特征作为控制变量进行相关研究。

表 5-5 婚姻对各变量的影响作用分析

因变量	方差齐性检验			均值差异检验		
	F 值	显著性概率	是否齐性	F 值	显著性概率	是否显著
分配公平	1.675	0.189	是	1.007	0.366	否
过程公平	3.727	0.025	否	0.165	0.848	否
互动公平	2.381	0.094	是	0.473	0.624	否
WDB-I	2.694	0.069	是	0.057	0.944	否
WDB-O	0.856	0.426	是	0.050	0.952	否
工作嵌入	2.571	0.078	是	4.061	0.018	是
工作满意度	0.676	0.510	是	0.265	0.767	否

注：WDB-I 指人际导向职场偏差行为，WDB-O 指组织导向职场偏差行为。

对婚姻特征分组进行多重比较 T 检验发现（见表 5-6），已婚员工的工作嵌入程度显著高于未婚员工。

Mitchell 等提出的工作嵌入，概括了员工在对工作不满意或有其他择业机会时，依旧会留在原工作中却不愿离职的行为的影响因素，这些因素表现为与组织或社区相关的因素[142]。工作嵌入可以看作是员工依附或嵌入组织的程度。已婚员工一般来说心态较平稳、宽容，家庭生活对员工的磨炼和生活压力使员工对组织出现的不满意状况会相对容易接受，对组织的依附程度也会高于未婚员工；未婚员工的心态常处于不稳定状态，当组织的一些因素使其不满或外界有较好的择业机会，未婚员工选择离开组织的可能性比较大，即呈现出低于已婚员工的工作嵌入程度，如表 5-6 所示。

表 5-6 婚姻对工作嵌入影响的两两比较

变量	分析方法	I	J	均值差（I-J）	标准误	显著性概率
工作嵌入	LSD	已婚	未婚	0.29281**	0.11306	0.010

注：①由于比较较多，本研究仅列出了对比检验结果中有显著差异的比较结果；②*、**、*** 分别表示显著性水平为 10%、5%、1%。

四、受教育程度对各变量的影响分析

对受教育程度进行了单因素方差分析，判断不同教育程度分组的员工在各个变量中是否存在显著差异。分析结果（见表 5-7）表明，在置信水平为 95% 的情况下，除不同教育程度在人际导向职场偏差行为和工作满意度方面不满足齐性检验外，其他变量下的教育程度分组均满足齐性检验；受教育程度不同的员工在分配公平、过程公平、互动公平、人际导向职场偏差行为、组织导向职场偏差行为、工作嵌入以及工作满意度等方面均无显著差异。因此，受教育程度特征将不被作为控制变量进行相关研究。

表 5-7 受教育程度对各变量的影响作用分析

因变量	方差齐性检验			均值差异检验		
	F 值	显著性概率	是否齐性	F 值	显著性概率	是否显著
分配公平	2.061	0.105	是	0.620	0.603	否
过程公平	1.474	0.221	是	1.666	0.174	否
互动公平	2.340	0.073	是	2.003	0.113	否
WDB-I	2.743	0.043	否	1.321	0.267	否
WDB-O	1.998	0.114	是	0.811	0.488	否
工作嵌入	0.253	0.859	是	0.718	0.542	否
工作满意度	3.626	0.013	否	2.635	0.050	否

注：WDB-I 指人际导向职场偏差行为，WDB-O 指组织导向职场偏差行为。

五、企龄对各变量的影响分析

对企龄特征进行了单因素方差分析，判断不同企龄分组的员工在各个变量中是否存在显著差异。分析结果（见表 5–8）表明，在置信水平为 95% 的情况下，不同企龄分组均满足齐性检验；企龄分组不同的员工在分配公平、过程公平、互动公平、人际导向职场偏差行为、工作嵌入以及工作满意度等方面均无显著差异，但企龄不同的员工在组织导向职场偏差行为方面有显著差异。因此，本书将企龄特征作为控制变量进行相关研究。

表 5–8 企龄对各变量的影响作用分析

因变量	方差齐性检验			均值差异检验		
	F 值	显著性概率	是否齐性	F 值	显著性概率	是否显著
分配公平	0.967	0.438	是	0.590	0.708	否
过程公平	1.070	0.376	是	0.821	0.535	否
互动公平	1.333	0.250	是	1.207	0.305	否
WDB–I	2.053	0.071	是	2.112	0.063	否
WDB–O	1.050	0.388	是	2.374	0.039	是
工作嵌入	0.883	0.492	是	1.524	0.181	否
工作满意度	0.337	0.891	是	0.914	0.472	否

注：WDB–I 指人际导向职场偏差行为，WDB–O 指组织导向职场偏差行为。

在对企龄特征分组进行多重比较 T 检验发现（见表 5–9）：①企龄 10 年以上的员工组织导向职场偏差行为显著高于在企龄在 1 年以下和 4~7 年的员工；②企龄 10 年以上员工的组织导向职场偏差行为与企龄在 1~4 年和 7~10 年的员工无显著差异。

表 5–9 企龄对组织导向职场偏差行为影响的两两比较

变量	分析方法	I 值	J 值	均值差（I–J）	标准误	显著性概率
WDB–O	LSD	10 年以上	1 年以下	0.35427^{**}	0.11940	0.003
			4~7 年	0.25202^{*}	0.12602	0.046

注：①由于比较较多，本研究仅列出了对比检验结果中有显著差异的比较结果；② *、**、*** 分别表示显著性水平为 10%、5%、1%；③ WDB–O 指组织导向职场偏差行为。

企龄是员工在该企业中供职时间长短的表现。在供职中经历中的点滴贡献和发展历程都会奠定员工在企业中的地位，这种由于供职时间长而形成的社会地位，常被人们称为资历。老资历的员工，对企业制度熟悉，做事喜欢摆贡献、讲资历，若缺乏进取心、意志消磨，则会产生懈怠之心，容易产生早退、延长休息时间、拖延工作等行为；资历老的员工，在组织中担任较重要职位的可能性也更大，如果升职无望、不追求晋升或有其他消极心理，主动发生收回扣、偷窃企业财务等损害组织利益的行为也会较多。

在企业工作时长低于 1 年的员工，尚属于新人，对企业人生地不熟，属于建立人脉、打造企业形象的阶段，因此一般表现为“少说多做”，认真肯干；而在企业工作 1 年后的较长一段时间里，由于对企业的制度、管理方式、办法等工作环境从陌生到熟悉，人际关系也较为熟络，此时可能不再像新人时期谨慎做事，容易出现懈怠、早退、拖延工作等组织导向职场偏差行为；对于在企业工作 4~7 年时间段的员工而言，可能正值晋升、加薪或实现理想的黄金期，则会少言寡语提升绩效，因而发生职场偏差行为的数量反而有所减少；而对于在组织中已经供职较长的时间，如 7 年以上的员工，由于对于企业和工作早就丧失了新鲜感，则在升职无望、薪资不满等因素的诱导下，会转而发生偷奸耍滑、拖延工作，甚至其他危害企业利益的组织导向职场偏差行为，以寻求心理平衡。企龄分组对于组织导向职场偏差行为有显著影响，在现实中是否如此表现，研究者还需重点关注。

第三节　假设检验

本书在对样本数据进行深入分析前，首先对样本数据可能存在的共同方法变异（CMV）问题是否影响研究结果进行了判断（由于本书的核心变量均由被试在同一时点填答，因此获取的研究数据很可能存在共同方法变异）。研究利用 Harman 单一因子检验法对数据的 CMV 进行了检验。在检验操作中采用了 SPSS 22.0 对研究涉及的所有因子进行了分析，检验结果显示，本书中未旋转的最大因子的总方差解释值为 33.87%（小于 50%），此分析结果表明，样本数据中的同源偏差在可接受范围内，适合对数据进行进一步的实证分析。

本书的相关性检验是通过 SPSS 22.0 的 Pearson 相关分析对各变量间进行的检验，工作满意度的中介效应采用 AMOS 23.0 检验，工作嵌入的调节效应采用 SPSS 22.0 用回归分析进行检验，最后对整体组织公平的中介效应以及调节效应通过 SPSS 22.0 用回归分析进行的检验。

一、相关性检验

在对各变量进行相关性分析后，变量间的相关系数如表5-10所示。结果表明，分配公平与每个变量均显著相关，其中，分配公平与过程公平（r=0.700，p<0.01）、分配公平与互动公平（r=0.651，p<0.01）、分配公平与工作嵌入（r=0.555，p<0.01）、分配公平与工作满意度（r=0.733，p<0.01）存在显著正相关关系；分配公平与人际导向职场偏差行为（r=–0.279，p<0.01）、分配公平与组织导向职场偏差行为（r=–0.314，p<0.01）存在显著负相关关系。过程公平与每个变量均显著相关，其中，过程公平与分配公平（r=0.700，p < 0.01）、过程公平与互动公平（r=0.808，p<0.01）、过程公平与工作嵌入（r=0.564，p<0.01）、过程公平与工作满意度（r=0.664，p<0.01）存在显著正相关关系；过程公平与人际导向职场偏差行为（r=–0.264，p<0.01）、过程公平与组织导向职场偏差行为（r=–0.315，p<0.01）存在显著负相关关系。互动公平与每个变量均显著相关，其中，互动公平与分配公平（r=0.651，p<0.01）、互动公平与过程公平（r=0.808，p<0.01）、互动公平与工作嵌入（r=0.619，p<0.01）、互动公平与工作满意度（r=0.706，p<0.01）存在显著正相关关系；互动公平与人际导向职场偏差行为（r=–0.273，p<0.01）、互动公平与组织导向职场偏差行为（r=–0.314，p<0.01）存在显著负相关关系。

表5-10 变量间的相关系数（N=366）

变量	均值	标准差	分配公平	过程公平	互动公平	WDB-I	WDB-O	工作嵌入	工作满意度
分配公平	3.283	0.937	1						
过程公平	3.070	0.985	0.700**	1					
互动公平	3.056	1.002	0.651**	0.808**	1				
WDB-I	1.990	0.840	–0.279**	–0.264**	–0.273**	1			
WDB-O	2.060	0.789	–0.314**	–0.315**	–0.314**	0.882**	1		
工作嵌入	3.434	0.910	0.555**	0.564**	0.619**	–0.195**	–0.215**	1	
工作满意度	3.238	0.862	0.733**	0.664**	0.706**	–0.374**	–0.396**	0.598**	1

注：①*、**、***分别表示显著性水平为10%、5%、1%；②WDB-I指人际导向职场偏差行为，WDB-O指组织导向职场偏差行为。

人际导向职场偏差行为与每个变量均显著相关，其中，人际导向职场偏差与组织导向职场偏差行为（$r=0.882$，$p<0.01$）存在显著正相关关系；人际导向职场偏差与分配公平（$r=-0.279$，$p<0.01$）、人际导向职场偏差与过程公平（$r=-0.264$，$p<0.01$）、人际导向职场偏差与互动公平（$r=-0.273$，$p<0.01$）、人际导向职场偏差与工作嵌入（$r=-0.195$，$p<0.01$）、人际导向职场偏差与工作满意度（$r=-0.374$，$p<0.01$）存在显著负相关关系。组织导向职场偏差行为与每个变量均显著相关，其中，组织导向职场偏差行为与人际导向职场偏差行为（$r=0.882$，$p<0.01$）存在显著正相关关系；组织导向职场偏差行为与分配公平（$r=-0.314$，$p<0.01$）、组织导向职场偏差行为与过程公平（$r=-0.315$，$p<0.01$）、组织导向职场偏差行为与互动公平（$r=-0.314$，$p<0.01$）、组织导向职场偏差行为与工作嵌入（$r=-0.215$，$p<0.01$）、组织导向职场偏差行为与工作满意度（$r=-0.396$，$p<0.01$）存在显著负相关关系。在分配公平、过程公平和互动公平对员工的职场偏差行为的影响中，可以看到三种不公平预测因子对组织导向的职场偏差行为均大于人际导向的职场偏差行为。

此外，工作嵌入与分配公平（$r=0.555$，$p<0.01$）、工作嵌入与过程公平（$r=0.564$，$p<0.01$）、工作嵌入与互动公平（$r=0.619$，$p<0.01$）以及工作嵌入与工作满意度（$r=0.598$，$p<0.01$）均存在正相关关系；工作嵌入与人际导向职场偏差行为（$r=-0.195$，$p<0.01$）、工作嵌入与组织导向职场偏差行为（$r=-0.215$，$p<0.01$）存在显著的负相关关系。工作满意度与分配公平（$r=0.733$，$p<0.01$）、工作满意度与过程公平（$r=0.664$，$p<0.01$）、工作满意度与互动公平（$r=0.706$，$p<0.01$）、工作满意度与工作嵌入（$r=0.598$，$p<0.01$）均存在正相关关系；工作满意度与人际导向职场偏差行为（$r=-0.374$，$p<0.01$）、工作满意度与组织导向职场偏差行为（$r=-0.396$，$p<0.01$）呈显著的负相关关系。

从表5-10中可以看到：①分配公平、过程公平、互动公平、工作嵌入以及工作满意度分别两两正相关，人际导向职场偏差行为与组织导向职场偏差行为二者正相关，人际导向职场偏差行为、组织导向职场偏差行为分别与分配公平、过程公平、互动公平、工作嵌入和工作满意度呈负相关关系；②组织公平各维度对人际导向职场偏差行为的影响力小于对组织导向职场偏差行为的影响力；③组织公平的各维度（分配公平、过程公平、互动公平）对人际导向的职场偏差行为的影响力无明显区别；组织公平各维度（分配公平、过程公平、互动公平）对组织导向的职场偏差行为的影响力无明显区别；④工作嵌入与组织公平各维度的影响关系中，互动公平对工作嵌入的影响力最强，分配公平与过程公平对工作嵌入的影响相差无几；⑤工作满意度与组织公平各维度的影响关系中，过程公平对工作满意度的影响力最弱，分配公平与互动公平对工作满意度的影响力相差无几。

综上，研究假设 H1–1 至 H1–6 均成立，H2–1 至 H2–3 均成立，H3–1、H3–2 均成立，因此判定假设 H1、H2、H3 均成立。

二、工作满意度在组织公平与职场偏差行为间的中介作用检验

在工作满意度中介作用模型的构建过程中，研究认为，员工对组织的分配公平、过程公平、互动公平等公平认知会影响其对工作满意度的感受，进而会对职场偏差行为产生作用，即工作满意度在组织公平对组织导向职场偏差行为和人际导向职场偏差行为存在中介作用。本书在上述的相关性检验中已经验证了组织公平的不同维度与组织导向职场偏差行为和人际导向职场偏差行为具有负向的相关性，因此判断组织公平对职场偏差行为也可能存在直接效应。基于上述分析，研究构建了工作满意度在组织公平与职场偏差行为间的中介作用的理论模型，如图 5–1 所示。

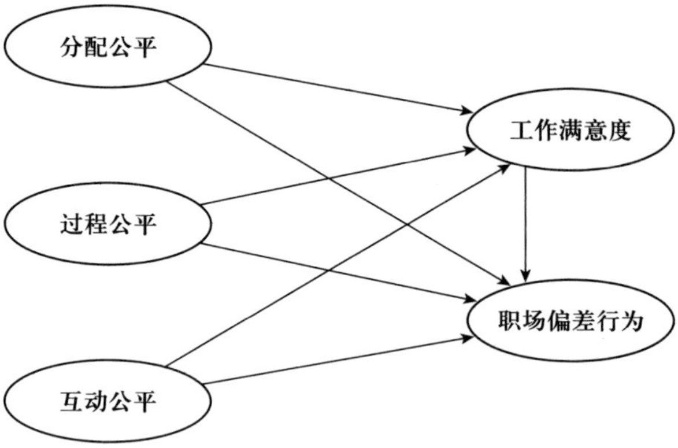

图5–1　工作满意度中介作用的理论模型

在相关性检验中发现组织公平的不同维度对人际导向职场偏差行为的影响小于组织导向职场偏差行为，这可能是由于职场偏差行为的两个维度在行为表现、影响因素上存在差异。本书为检验中介模型是否对人际导向职场偏差与组织导向职场偏差行为都具有类似影响，将人际导向职场偏差行为与组织导向职场偏差行为分开检验作对比。因此，将图 5–1 构建的理论模型化为两个模型，

分别为：模型 1，工作满意度在组织公平与人际导向职场偏差行为间的中介作用模型；模型 2，工作满意度在组织公平与组织导向职场偏差行为间的中介作用模型。

本书通过 AMOS 23.0，采用偏最小二乘结构方程的方法对工作满意度在组织公平各维度与职场偏差行为间的中介作用结构方程模型运算结果进行分析，对相关路径的假设进行了检验。在拟合效果的分析上，首先，用绝对拟合指标、相对拟合指标以及简约拟合指标中的 CFI、GFI、RMSEA、TLI、NFI、IFI、PNFI、PCFI、χ^2/df 等指标进行检验；其次，利用 Bootstrap 技术，估计了间接效应的标准误及标准化系数，再通过计算 Z 值（Z ≥ 1.96）以及偏差校正置信区间（95% CI）是否包括 0 判断间接效应的显著水平，以此检验各路径系数的显著性。

对模型 1：工作满意度在组织公平与人际导向职场偏差行为间的中介作用模型（以下简称模型 1）按照原假设进行运算及拟合指标分析后发现，分配公平、过程公平、互动公平均与人际导向职场偏差行为间的直接效用不显著（拟合效果指标如表 5-11 模型 1′ 所示）；在去掉不显著的直接效用后，再进行运算及拟合效果指标分析，发现拟合指标比假设模型变优（拟合效果指标如表 5-11 模型 1″ 所示），因此对优化后的模型 1″ 采用 Bootstrap 检验其中介效应。检验效果如表 5-12 所示。

表 5-11　模型 1、模型 2 的拟合效果评价

判别指标	CMIN	绝对拟合指标			相对拟合指标			简约拟合指标		
		CFI	GFI	RMSEA	TLI	NFI	IFI	PNFI	PCFI	χ^2/df
判别标准	靠近自由度	>0.9	>0.9	<0.08	>0.9	>0.9	>0.9	≥ 0.5	≥ 0.5	≤ 3
模型 1′（WDB–I）	582.044	0.966	0.901	0.044	0.960	0.922	0.966	0.777	0.814	1.702
模型 1″（WDB–I）	583.858	0.966	0.901	0.044	0.960	0.922	0.966	0.783	0.821	1.692
模型 2′（WDB–O）	706.721	0.972	0.900	0.036	0.968	0.916	0.972	0.790	0.838	1.460
模型 2″（WDB–O）	708.676	0.972	0.900	0.035	0.968	0.916	0.972	0.797	0.844	1.455

注：WDB–I 指人际导向职场偏差行为，WDB–O 指组织导向职场偏差。

对模型 2：工作满意度在组织公平与组织导向职场偏差行为间的中介作用模型（以下简称模型 2）与模型 1 做了相同的检验。其中，原假设模型 2 的拟合指标效果如表 5-11 模型 2′ 所示，去掉不显著的直接效用后，拟合效果指标如表 5-11 模型 2″ 所示。对优化后的模型 2″ 依然采用 Bootstrap 检验其中介效应。

本书对工作满意度在组织公平对职场偏差行为间的中介作用检验中采用了 Bootstrap 法，在重置抽样为 5000 次、“偏差校正置信区间”为 95% 的参数设置下，对中介作用研究中的非标准的直接效应、非标准的间接效应以及非标准的总效应路径分别进行了检验。在检验中，若偏差校正置信区间（95% CI）不包括 0，则表明该路径显著。研究分别对工作满意度在组织公平对职场偏差行为间的中介作用模型的非标准的直接效应、间接效应和总效应进行了检验。

表 5-12　工作满意度在组织公平与 WDB-I 间的中介效应检验

检验效应	路径	点估计值	效应值		Bootstrap 法			
					Bias-Corrected 95% 置信区间		Percentile 95% 置信区间	
			SE 值	Z 值	下限	上限	下限	上限
非标准化的直接效应	分配公平→工作满意度	0.510	0.103	4.951	0.329	0.736	0.328	0.731
	过程公平→工作满意度	-0.137	0.131	-1.046	-0.412	0.098	-0.421	0.093
	互动公平→工作满意度	0.396	0.117	3.385	0.188	0.651	0.188	0.647
	工作满意度→ WDB-I	-0.374	0.069	-5.420	-0.522	-0.252	-0.523	-0.253
非标准化的间接效应	分配公平→工作满意度→ WDB-I	-0.191	0.048	-3.979	-0.307	-0.114	-0.300	-0.109
	过程公平→工作满意度→ WDB-I	0.051	0.051	1	-0.035	0.165	-0.035	0.165
	互动公平→工作满意度→ WDB-I	-0.148	0.052	-2.846	-0.272	-0.067	-0.268	-0.065
非标准化的总效应	分配公平→ WDB-I	-0.191	0.048	-3.979	-0.307	-0.114	-0.300	-0.109
	过程公平→ WDB-I	0.051	0.051	1	-0.035	0.165	-0.035	0.165
	互动公平→ WDB-I	-0.148	0.052	-2.846	-0.272	-0.067	-0.268	-0.065

注：Boostrap 抽样数 =5000；WDB-I 指人际导向职场偏差行为。

如表 5-12 所示，在模型 1（即工作满意度在组织公平对职场偏差行为间的中介作用）的“非标准化的直接效应”的检验中发现：过程公平→工作满意度不存在直接效应（95% 的置信区间（BC）[-0.412，0.098]，包含

0）；分配公平→工作满意度（95% 的置信区间（BC）[0.329，0.736]，不包含 0）、互动公平→工作满意度（95% 的置信区间（BC）[0.188，0.651]，不包含 0）、工作满意度→人际导向职场偏差行为（95% 的置信区间（BC）[–0.522，–0252]，不包含 0）均显著，存在直接效应。在模型 1 的“非标准化间接效应”的检验中发现，过程公平→人际导向职场偏差行为不显著（95% 的置信区间（BC）[–0.035，0.175]，包含 0），分配公平→人际导向职场偏差行为（95% 的置信区间（BC）[–0.307，0.114]，不包含 0）、互动公平→人际导向职场偏差行为（95% 的置信区间（BC）[–0.272，–0.067]，不包含 0）存在间接效应。最后，在对非标准的总效应进行检验发现，过程公平→人际导向职场偏差行为间的总效应不显著（95% 的置信区间（BC）[–0.035，0.165]，包含 0），分配公平→人际导向职场偏差行为（95% 的置信区间（BC）[–0.307，–0.114]，不包含 0）、互动公平→人际导向职场偏差行为（95% 的置信区间（BC）[–0.272，–0.067]，不包含 0）间的总效应作用是存在的，即假设 H4–3 不成立，H4–1、H4–5 成立，模型如图 5–2 所示。

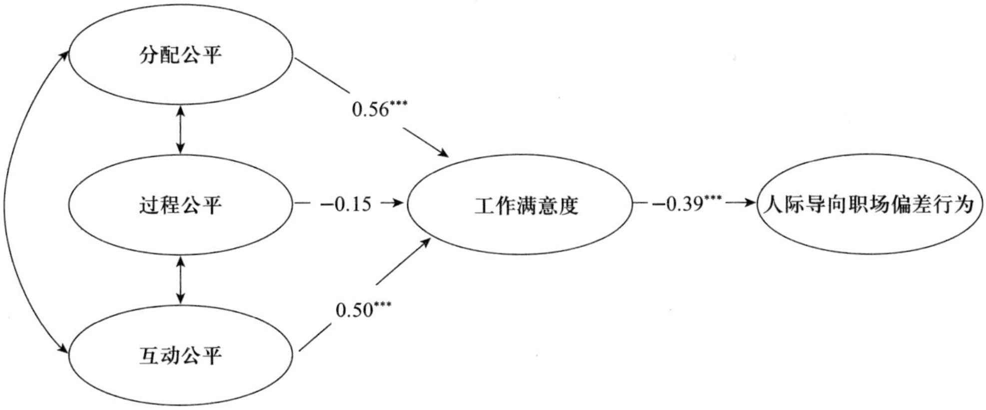

图5–2　工作满意度在组织公平与WDB–I间的中介作用模型

在模型 2（即工作满意度在组织公平与组织导向职场偏差行为间的中介作用模型）的“非标准的直接效应”检验中发现：过程公平→工作满意度间的直接效应不显著（95% 的置信区间（BC）[–0.387，0.128]，包含 0），分配公平→工作满意度（95% 的置信区间（BC）[0.337，0.774]，不包含 0）、互动公平→工作满意度（95% 的置信区间（BC）[0.169，0.614]，不包含 0）、工作满意度→组织导向的职场偏差行为（95% 的置信区间（BC）[–0.647，–0.343]，不包含0）间的直接效应是存在的。在对“非标准的间接效应”检验时发现，过程公平→组织导向职场偏差行为间的间接效应不显著（95%的置信区间（BC）[-0.60，0.193]，包含0），分配公平→组织导向职场偏差行为（95%的置信区间（BC）[-0.374，-0.152]，不包含0）、互动公平→组织导向职场偏差行为（95%的置信区间（BC）[-0.314，-0.078]，不包含0）间均存在显著的间接效应。在对“非标准的总效应”检验中发现，过程公平→组织导向的职场偏差行为间的总效用不显著（95%的置信区间（BC）[-0.60，0.193]，包含0），分配公平→组织导向的职场偏差行为（95%的置信区间（BC）[-0.374，-0.152]，不包含0）、互动公平→组织导向的职场偏差行为（95%的置信区间（BC）[-0.314，-0.078]，不包含0）间均存在中介总效用，即假设H4-4不成立，H4-2、H4-6成立，模型如图5-3所示。研究数据如表5-13所示。

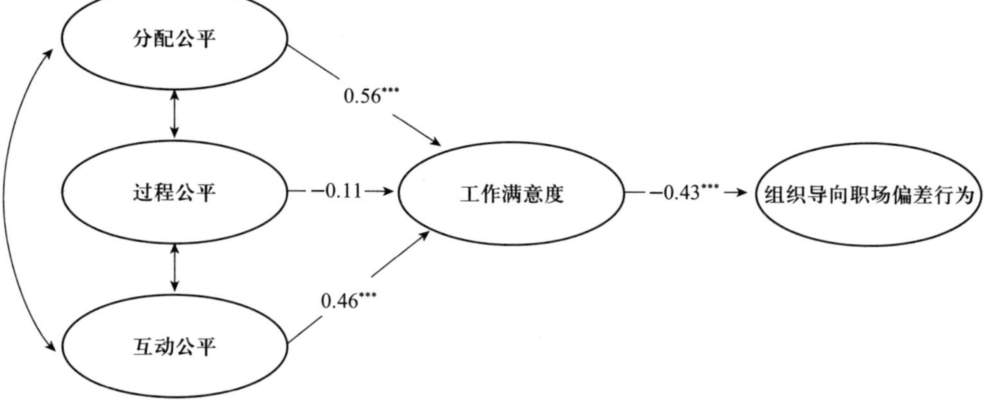

图5-3 工作满意度在组织公平与WDB-O间的中介作用模型

综上，原假设H4-1、H4-2、H4-5、H4-6成立；H4-3、H4-4不成立，即工作满意度在分配公平、互动公平与人际导向职场偏差行为、组织导向职场偏差行为间的中介作用成立，且工作满意度起完全中介的作用；过程公平与人际导向职场偏差行为、组织导向职场偏差行为间的中介作用不成立。总的来看，原假设H4工作满意度在组织公平与职场偏差行为间起中介作用的假设成立。

表 5-13　工作满意度在组织公平与 WDB-O 间的中介效应检验

检验效应	路径	点估计值	效应值		Bootstrap 法			
					Bias-Corrected 95% 置信区间		Percentile 95% 置信区间	
			SE 值	Z 值	下限	上限	下限	上限
非标准化的直接效应	分配公平→工作满意度	0.512	0.102	5.020	0.337	0.744	0.330	0.731
	过程公平→工作满意度	-0.108	0.131	-0.824	-0.387	0.128	-0.395	0.122
	互动公平→工作满意度	0.375	0.114	3.290	0.169	0.614	0.169	0.615
	工作满意度→ WDB-O	-0.481	0.077	-6.25	-0.647	-0.343	-0.649	-0.344
非标准化的间接效应	分配公平→工作满意度→WDB-O	-0.246	0.056	4.393	-0.374	-0.152	-0.369	-0.149
	过程公平→工作满意度→WDB-O	0.052	0.064	0.813	-0.60	0.193	-0.60	0.193
	互动公平→工作满意度→WDB-O	-0.180	0.060	-3	-0.314	-0.078	-0.314	-0.078
非标准化的总效应	分配公平→ WDB-O	-0.246	0.056	4.393	-0.374	-0.152	-0.369	-0.149
	过程公平→ WDB-O	0.052	0.064	0.813	-0.60	0.193	-0.60	0.193
	互动公平→ WDB-O	-0.180	0.060	-3	-0.314	-0.078	-0.314	-0.078

注：Boostrap 抽样数 =5000；WDB-O 指组织导向职场偏差行为。

三、工作嵌入在组织公平与职场偏差行为中的调节作用检验

在对变量的调节效应进行分析时，本书采取了 Hayes 建议的方法即分层回归法[220]。基于研究拟对职场偏差行为两维度作比对研究，因此将组织公平的各维度分别对人际导向职场偏差行为、组织导向职场偏差行为进行了调节作用的检验。在每个组织公平维度与人际导向职场偏差行为、组织导向职场偏差行为中的调节作用检验中，均使用了四个模型对样本数据进行分析。模型 1（分别在具体检验中为 1a、5a、1b、5b、1c、5c）检验控制变量对因变量是否存在影响，模型 2（分别在具体检验中为 2a、6a、2b、6b、2c、6c）检验自变量的效应，模型 3（分别在具体检验中为 3a、7a、3b、7b、3c、7c）增加了调节变量，模型 4（分别在具体检验中为 4a、8a、4b、8b、4c、8c）在模型 3 的基础上增加了自变量和调节变量的交互作用。

在前文方差分析中，本书对样本的人口统计特征与研究变量进行了分析，确

定了本书的控制变量为年龄特征、婚姻特征、企龄特征和企业性质特征。因此，本次调节效应的检验中，控制变量选取了上述四个人口统计特征。在调节效应分析前，先将涉及的自变量和调节变量等做中心化处理，这样处理不但可以在不改变变量标准差的情况下减少回归模型中的多重共线性问题[221]，而且使回归方程的系数更具解释意义。

（一）工作嵌入在分配公平与职场偏差行为中的调节作用

表 5-14　工作嵌入对分配公平与 WDB 中的调节效应检验（N=366）

	人际导向职场偏差行为				组织导向职场偏差行为			
	模型 1a	模型 2a	模型 3a	模型 4a	模型 5a	模型 6a	模型 7a	模型 8a
分配公平		–0.267***	–0.225***	0.196***		–0.303***	–0.259***	–0.234***
工作嵌入			–0.074	–0.095			–0.080	–0.097
分配公平 × 工作嵌入				–0.122*				–0.104*
控制变量	略				略			
F 值	1.901*	5.784***	5.252***	5.358***	2.348*	7.590***	6.873***	6.632***
ΔF		28.217***	1.473	5.663*		37.604***	1.747	4.207*
R^2	0.031	0.102	0.105	0.119	0.038	0.129	0.133	0.144
ΔR^2		0.071	0.004	0.014		0.091	0.004	0.010

注：① *、**、*** 分别表示显著性水平为 10%、5%、1%；②控制变量为年龄特征、婚姻特征、企龄特征和企业性质特征。

如表 5-14 所示，其中，模型 1a~4a 对工作嵌入在分配公平与人际导向职场偏差行为中的调节作用进行了检验；模型 5a~8a 对工作嵌入在分配公平与组织导向职场偏差行为中的调节作用进行了检验。模型 1a 进行的是控制变量对人际导向职场偏差行为存在影响与否的检验，模型 2a 对分配公平的影响效应进行检验，模型 3a 增加了工作嵌入（调节变量），模型 4a 基于模型 3a 增加了交互作用（分配公平和工作嵌入）的检验，以检验工作嵌入在分配公平与人际导向职场偏差行为中的调节作用。模型 5a 对控制变量是否影响组织导向职场偏差行为进行了检验，模型 6a 对分配公平的影响效应进行检验，模型 7a 增加了工作嵌入（调节变量），模型 8a 基于模型 7a 进行了交互作用（分配公平和工作嵌入）的检验，以检验工作嵌入在分配公平与组织导向职场偏差行为中的调节作用。共线性的检验结果 VIF 是 1.060，小于 5；CI 是 21.388，低于 30，因此认为有略微共线性，但不严重。

从模型 1a 看到，控制变量对因变量人际导向职场偏差行为的作用显著；从模型 2a 看到，分配公平对人际导向职场偏差的作用显著；从模型 3a 看到，工作嵌入对人际导向职场偏差行为无显著作用（$\beta_{工作嵌入}=-0.074$）；模型 4a 表明了交互项“分配公平 × 工作嵌入”存在显著关系（$\beta_{分配公平\times工作嵌入}=-0.122$，$p<0.05$，$\Delta R^2=0.014$），回归系数小于 0 且比模型 3a 增加了方差的解释，表明工作嵌入在分配公平与人际导向职场偏差行为的负相关关系中起负向调节作用，即员工的工作嵌入升高时，分配公平对人际导向职场偏差行为的影响会降低；相反则会升高，如图 5-4 所示。

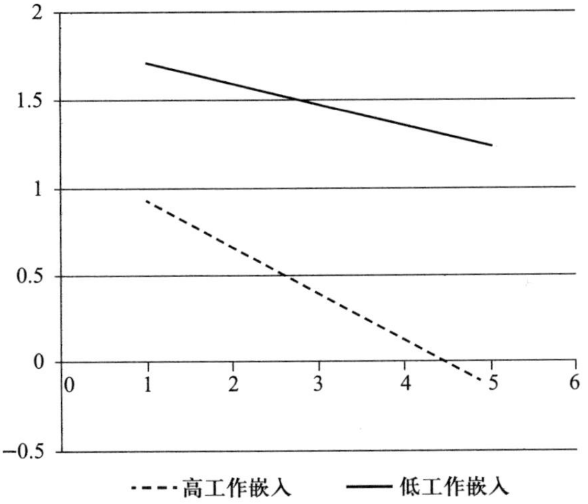

图5-4　工作嵌入在分配公平与WDB-I中的调节效应

从模型 5a 可以看到，控制变量对因变量组织导向职场偏差行为的作用显著；从模型 6a 看出，分配公平对组织导向职场偏差行为的作用显著；从模型 7a 看到，工作嵌入对组织导向职场偏差行为没有显著的作用（$\beta_{工作嵌入}=-0.080$）；模型 8a 表明交互项“分配公平 × 工作嵌入”存在显著关系（$\beta_{分配公平\times工作嵌入}=-0.104$，$p<0.05$，$\Delta R^2=0.010$），回归系数小于 0，且与模型 7a 相比方差的解释升高了，表明工作嵌入在分配公平与组织导向职场偏差行为的负相关关系中起负向调节作用，即当员工的工作嵌入升高，会降低分配公平对组织导向职场偏差行为的影响；相反会升高，如图 5-5 所示。

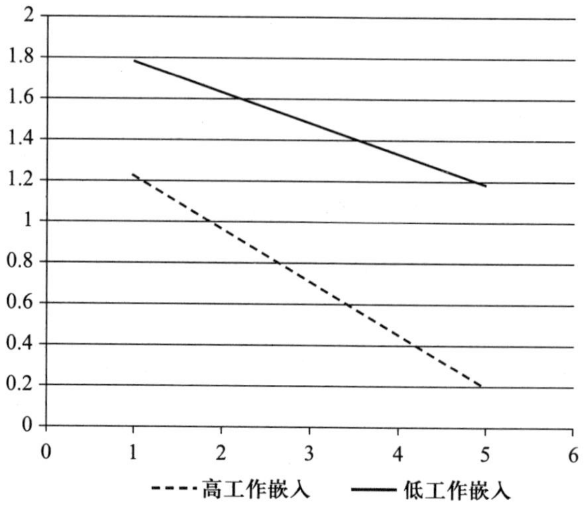

图5-5　工作嵌入在分配公平与WDB-O中的调节效应

综上，假设H5-1工作嵌入在分配公平与人际导向职场偏差行为间的负相关关系中起负向调节作用，H5-2工作嵌入在分配公平与组织导向职场偏差行为的负相关关系中起负向调节作用假设成立，得到验证。在对“分配公平—工作嵌入—人际导向职场偏差行为”与“分配公平—工作嵌入—组织导向职场偏差行为”路径进行比对分析后发现，工作嵌入作为调节变量在两条路径的检验模型显著，且工作嵌入在分配公平对人际导向的职场偏差行为中的调节作用大于其在分配公平对组织导向的职场偏差行为中的调节作用。

（二）工作嵌入在过程公平与职场偏差行为的调节作用

分析结果如表5-15所示，其中，模型1b~4b对工作嵌入在过程公平与人际导向职场偏差行为中的调节作用进行了检验；模型5b~8b对工作嵌入在过程公平与组织导向职场偏差行为中的调节作用进行了检验。模型1b进行了控制变量对人际导向职场偏差行为存在影响与否的检验，模型2b对过程公平的效应进行了检验，模型3b增加了工作嵌入（调节变量），模型4b是对模型3b增加了交互作用（过程公平和工作嵌入）所进行的检验，以检验工作嵌入在过程公平与人际导向职场偏差行为中的调节作用；模型5b对控制变量是否影响组织导向职场偏差行为进行了检验，模型6b对过程公平的效应进行了检验，模型7b增加了工作嵌入（调节变量），模型8b是在模型7b上增加了过程公平和工作嵌入的交互作用检验，以检验工作嵌入在过程公平与组织导向职场偏差行为间的调节作用。共线性的检验结果VIF是1.051，小于5；CI是21.382，低于30，因此认为有略微共线性，但不严重。从模型 1b 可以看到，控制变量对因变量人际导向职场偏差行为具有显著作用；从模型 2b 看到，过程公平对人际导向职场偏差行为具有显著作用；从模型 3b 看到，工作嵌入对人际导向职场偏差行为无显著作用（$\beta_{工作嵌入}=-0.083$）；模型 4b 则显示了交互项“过程公平 × 工作嵌入”依然不显著（$\beta_{过程公平\times工作嵌入}=-0.073$）；从模型 5b 看到，控制变量对因变量组织导向职场偏差行为具有显著作用；从模型 6b 看到，过程公平对组织导向职场偏差行为具有显著作用；从模型 7b 看到，工作嵌入对组织导向职场偏差行为无显著作用（$\beta_{工作嵌入}=-0.078$）；模型 8b 则显示了交互项“过程公平 × 工作嵌入”也不显著（$\beta_{过程公平\times工作嵌入}=-0.082$）。

表 5-15　工作嵌入对过程公平与 WDB 中的调节效应检验（N=366）

	人际导向职场偏差行为				组织导向职场偏差行为			
	模型 1b	模型 2b	模型 3b	模型 4b	模型 5b	模型 6b	模型 7b	模型 8b
过程公平		–0.253***	–0.205**	–0.190**		–0.301***	–0.255**	–0.238
工作嵌入			–0.083	–0.097			–0.078	–0.094
过程公平 × 工作嵌入				–0.073				–0.082
控制变量	略				略			
F 值	1.901*	5.277***	4.850***	4.546***	2.348*	7.405***	6.695***	6.274***
ΔF		24.777***	1.786	2.001		36.363***	1.627	2.663
R^2	0.031	0.094	0.098	0.103	0.038	0.126	0.130	0.137
ΔR^2		0.063	0.005	0.005		0.089	0.004	0.006

注：①*、**、*** 分别表示显著性水平为 10%、5%、1%；②控制变量为年龄特征、婚姻特征、企龄特征和企业性质特征。

综上，假设 H5-3 工作嵌入在过程公平与人际导向职场偏差行为间起调节作用的假设不成立，H5-4 工作嵌入在过程公平与组织导向职场偏差行为间起调节作用假设不成立，即工作嵌入在过程公平与人际导向职场偏差行为和组织导向职场偏差行为中不具有调节作用。

（三）工作嵌入在互动公平与职场偏差行为中的调节作用

分析结果如表 5-16 所示，其中，模型 1c 进行的是控制变量对因变量人际导向职场偏差行为影响与否的检验，模型 2c 对互动公平的效应进行了检验，模型 3c 增加了工作嵌入（调节变量），模型 4c 是在模型 3c 上增加了互动公平和工作嵌入的交互作用，以检验工作嵌入在互动公平与人际导向职场偏差行为中的调节作用；模型 5c 对控制变量是否影响组织导向职场偏差行为进行了检验，模型 6c 对互动公平的效应做了检验，模型 7c 增加了工作嵌入（调节变量），模型 8c 是在模型 7c 上进行了互动公平和工作嵌入的交互作用分析，以检验工作嵌入在互动公平与组织导向职场偏差行为间的调节作用。共线性的检验结果 VIF 是 1.107，小于 5；CI 是 21.417，低于 30，因此认为有略微共线性，但不严重。

表 5-16 工作嵌入对互动公平与 WDB 中的调节效应检验（N=366）

	人际导向职场偏差行为				组织导向职场偏差行为			
	模型 1c	模型 2c	模型 3c	模型 4c	模型 5c	模型 6c	模型 7c	模型 8c
互动公平		−0.265***	−0.229***	−0.179**		−0.303***	−0.268***	−0.221***
工作嵌入			−0.055	−0.104			−0.054	−0.100
互动公平 × 工作嵌入				−0.149**				−0.141**
控制变量	略				略			
F 值	1.901*	5.627***	5.005***	5.435***	2.348*	7.467***	6.614***	6.816***
ΔF		27.154***	0.685	7.910**		36.780***	0.689	7.473**
R^2	0.031	0.099	0.101	0.121	0.038	0.127	0.129	0.147
ΔR^2		0.068	0.002	0.020		0.090	0.002	0.018

注：①*、**、*** 分别表示显著性水平为 10%、5%、1%；②控制变量为年龄特征、婚姻特征、企龄特征和企业性质特征。

如图 5–6 所示，从模型 1c 可以看到，控制变量对因变量人际导向职场偏差行为具有显著作用；从模型 2c 看到，互动公平对人际导向职场偏差行为具有显著作用；从模型 3c 可以看到，工作嵌入对人际导向职场偏差行为无显著作用（$\beta_{工作嵌入}=-0.055$）；模型 4c 表明交互项“互动公平 × 工作嵌入”与人际导向职场偏差行为存在显著的相关关系（$\beta_{互动公平\times工作嵌入}=-0.149$，$p<0.05$，$\Delta R^2=0.020$），回归系数小于 0 且与模型 3c 相比，增加了方差的解释，这表明在互动公平与人际导向职场偏差行为的负相关关系中工作嵌入起负向调节作用，即当员工的工作嵌入降低，互动公平会提升对人际导向职场偏差行为的影响；相反会降低。

从模型 5c 看到，控制变量对因变量组织导向职场偏差行为具有显著作用；从模型 6c 看到，互动公平对组织导向职场偏差行为具有显著作用；模型 7c 显示，工作嵌入对因变量组织导向职场偏差行为没有显著的作用（$\beta_{工作嵌入}=-0.054$）；

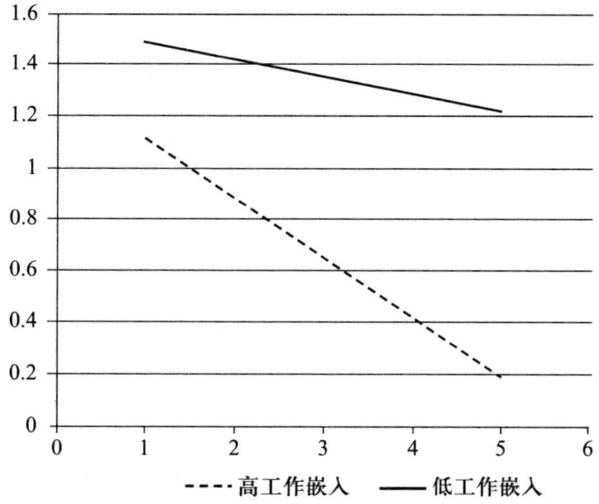

图5-6　工作嵌入对互动公平与WDB-I中的调节效应

模型 8c 表明交互项“互动公平 × 工作嵌入”与组织导向职场偏差行为存在显著相关关系（$\beta_{互动公平 \times 工作嵌入}$=-0.141，p<0.01，ΔR^2=0.018），回归系数小于 0，且与模型 7c 相比增加了方差的解释，显现出在互动公平与组织导向职场偏差行为的负相关关系中工作嵌入起负向调节作用，即当员工的工作嵌入降低，互动公平对组织导向职场偏差行为的影响会升高；相反会降低，如图 5-7 所示。

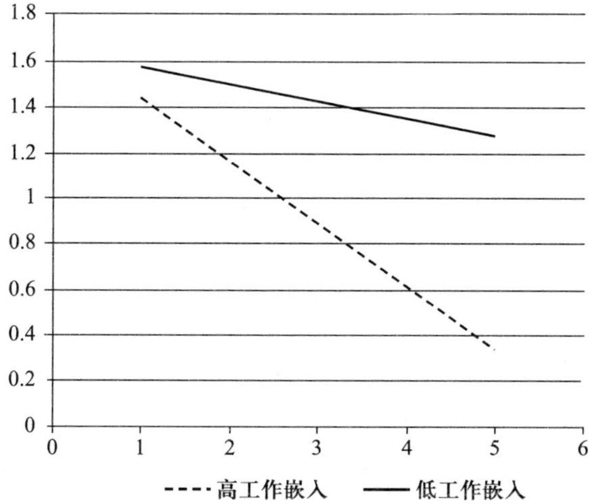

图5-7　工作嵌入对互动公平与WDB-O中的调节效应

综上，假设 H5-5 工作嵌入在互动公平与人际导向职场偏差行为的负相关关系中起负向调节作用，H5-6 工作嵌入在互动公平与组织导向职场偏差行为的负相关关系中起负向调节作用成立。

四、组织公平对职场偏差行为影响机制的整体回归检验

在前面的研究中，组织公平对职场偏差行为的中介效用及调节作用的分析，均将组织公平分为分配公平、过程公平及互动公平进行了检验，总效用的判定是依据分维度检验的效果进行的推断。此处，将组织公平作为一个整体对职场偏差行为影响机制的中介效用及调节效用采用 SPSS 22.0 进行验证。

在整体组织公平对职场偏差行为的中介效用的检验，以及整体组织公平对职场偏差行为的调节效用的检验，均采用了回归分析检验的方法。具体验证结果如表 5-17 所示。

表 5-17　组织公平对 WDB 影响机制的分步回归结果（N=366）

	因变量：组织导向职场偏差行为					因变量：人际导向职场偏差行为				
	模型 1	模型 2	模型 3	模型 4	模型 5	模型 1′	模型 2′	模型 3′	模型 4′	模型 5′
组织公平		−0.19***	0.012	−0.131*	−0.103		−0.169**	0.005	−0.092	−0.059
工作满意度			−0.254***					−0.217*		
工作嵌入				−0.089	−0.117				−0.116	0.148*
组织公平 × 工作嵌入					−0.093*					−0.107*
控制变量	略					略				
F 值	2.297*	5.909***	6.607***	5.254***	5.122***	1.576*	3.712**	4.118**	3.572**	3.754**
ΔF		17.881***	9.466**	1.911	4.082*		12.079**	5.92*	2.79	4.645*
R^2	0.027	0.069	0.091	0.074	0.083	0.016	0.045	0.059	0.051	0.063
ΔR^2		0.042	0.022	0.004	0.009		0.029	0.014	0.007	0.011

注：① *、**、*** 分别表示显著性水平为 10%、5%、1%；②控制变量为年龄特征、婚姻特征、企龄特征和企业性质特征。

表 5-17 的分步回归结果显示，模型 1 检验了控制变量对员工的组织导向职场偏差行为是否存在影响，可看到 F 值显著（F=2.297，p<0.05），说明总体上作为控制变量的人口统计学特征对组织导向职场偏差行为存在一定的影响。模型 2 则检验了自变量组织公平的影响，结果显示，在控制了人口统计学变量之后，组织公平对组织导向职场偏差行为有显著负向影响（回归系数 β =−0.19，

$p<0.001$ ）。此时，模型 2 的 R^2 比模型 1 增加了 0.069，即自变量比控制变量增加了 6.9% 的方差解释量。

模型 3 在模型 2 的基础上增加了工作满意度作为中介变量，结果显示，组织公平对组织导向职场偏差行为的影响变得不显著了（ $\beta=0.012$，$p>0.05$ ），但工作满意度的回归系数是显著的（ $\beta=-0.254$，$p<0.001$ ）。这说明工作满意度在组织公平对组织导向职场偏差行为的作用中起完全中介作用。此时模型 3 的 R^2 比模型 2 增加了 0.091，即中介变量工作满意度比自变量组织公平增加了 9.1% 的方差解释量。

表 5–17 同样显示了对人际导向职场偏差行为的中介作用结果。模型 1′~ 模型 3′ 依次加入控制变量、自变量、中介变量。结果表明，加入工作满意度作为中介变量后，组织公平对人际导向职场偏差行为的影响由显著变得不显著了（ $\beta=0.005$，$p>0.05$ ），但工作满意度的回归系数是显著的（ $\beta=-0.217$，$p<0.05$ ）。这说明工作满意度在组织公平对人际导向偏差行为的影响中也起完全中介作用。

再采用分步回归法来检验工作嵌入的调节作用，本书在分析前对所有变量做了均值中心化处理，这会减小回归模型中的多重共线性问题（但并不改变变量的标准差）。依照 Aiken 和 West 的建议，使用三个模型来分析样本数据，分别以组织导向职场偏差行为与人际导向职场偏差行为为结果变量，依次加入控制变量、自变量、调节变量和两者的交互项，回归结果如表 5–17 模型 2、4、5 所示。组织公平与工作嵌入的交互项对组织导向职场偏差行为（ $r=-0.093$，$p<0.05$ ）和人际导向职场偏差行为（ $r=-0.107$，$p<0.05$ ）均有显著负向影响，即调节作用显著。

从以上检验结果来看，在整体组织公平对职场偏差行为的影响研究中，工作满意度具有完全中介作用、工作嵌入具有调节作用均得到了验证。

第四节　研究结果与讨论

数据分析结果显示，本书的假设得到了一定程度的支持。研究假设结果汇总如表 5–18 所示。

表 5-18 研究假设结果汇总

序号	假设描述	结论
H1	组织公平对职场偏差行为产生显著负向影响	成立
H1-1	分配公平对人际导向职场偏差行为产生显著负向影响	成立
H1-2	分配公平对组织导向职场偏差行为产生显著负向影响	成立
H1-3	过程公平对人际导向职场偏差行为产生显著负向影响	成立
H1-4	过程公平对组织导向职场偏差行为产生显著负向影响	成立
H1-5	互动公平对人际导向职场偏差行为产生显著负向影响	成立
H1-6	互动公平对组织导向职场偏差行为产生显著负向影响	成立
H2	组织公平对工作满意度产生正向影响	成立
H2-1	分配公平对工作满意度产生正向影响	成立
H2-2	过程公平对工作满意度产生正向影响	成立
H2-3	互动公平对工作满意度产生正向影响	成立
H3	工作满意度对职场偏差行为产生负向影响	成立
H3-1	工作满意度对人际导向职场偏差行为产生负向影响	成立
H3-2	工作满意度对组织导向职场偏差行为产生负向影响	成立
H4	工作满意度在组织公平与职场偏差行为间起中介作用	成立
H4-1	工作满意度在分配公平与人际导向职场偏差行为间起中介作用	成立
H4-2	工作满意度在分配公平与组织导向职场偏差行为间起中介作用	成立
H4-3	工作满意度在过程公平与人际导向职场偏差行为间起中介作用	不成立
H4-4	工作满意度在过程公平与组织导向职场偏差行为间起中介作用	不成立
H4-5	工作满意度在互动公平与人际导向职场偏差行为间起中介作用	成立
H4-6	工作满意度在互动公平与组织导向职场偏差行为间起中介作用	成立
H5	工作嵌入在组织公平与职场偏差行为的负相关关系中起负向调节作用	成立
H5-1	工作嵌入在分配公平与人际导向职场偏差行为的负向影响关系中起负向调节作用	成立
H5-2	工作嵌入在分配公平与组织导向职场偏差行为的负向影响关系中起负向调节作用	成立
H5-3	工作嵌入在过程公平与人际导向职场偏差行为的负向影响关系中起负向调节作用	不成立
H5-4	工作嵌入在过程公平与组织导向职场偏差行为的负向影响关系中起负向调节作用	不成立

续表

序号	假设描述	结论
H5-5	工作嵌入在互动公平与人际导向职场偏差行为的负向影响关系中起负向调节作用	成立
H5-6	工作嵌入在互动公平与组织导向职场偏差行为的负向影响关系中起负向调节作用	成立

从以上研究数据可以得知：

1. 数据的分析结果支持了假设 H1

在组织中，“不患寡而患不均”是员工最直接能感受到的公平感知，工作任务、薪资、奖励、工作责任等若出现分配不公平则是员工最容易感知到的不公平，也是员工最为在意的不公平事件，这类事件的发生会引起员工产生消极不满的情绪以及对抗性的行为等。当意识到组织的工作程序不公平，也可能会产生消极的、对抗组织的行为，甚至会降低员工对组织的忠诚度等[49]；而当员工感受到与上司交流中的不公平，即受到领导的嘲弄、欺瞒或者贬低能力时，也可能产生职场偏差行为[10]。总的来看，无论组织中发生哪类不公平事件，都可能引发职场偏差行为。

在研究中发现，当员工感受到不公平事件时，更容易发生组织导向的职场偏差行为，即挪用公物、迟到、早退、不服从安排、工作不努力、惰怠工作等组织导向的职场偏差行为。这与 Aquino 的结论一致。对易于引发组织导向的职场偏差行为，基于情感事件理论这样解释：公平事件发生后，员工实施报复的对象选择组织而非个人，这可能是因为，无论员工感受到的是来自组织中的分配、制度上的不公平，还是来自上司的不公平，若员工对上司、对同事实施针对个人的职场偏差行为，有可能会被他人报复，因而受到还击的风险较大，为安全起见，较大可能转为报复组织。针对组织的报复行为付出的代价小，不容易被报复，且容易发泄不满或产生心理平衡感。社会交换理论认为，员工对遭遇到来自组织的不公平事件给自己带来的心理伤害，对组织实施针对组织的职场偏差行为更能完成自己的报复行为，这是最直接也容易达到心理平衡或发泄不满的手段。

2. 数据的分析结果支持了研究假设 H2~H4

工作满意度在组织公平对职场偏差行为的中介作用成立，该研究结果与国内外学者研究结论总体一致。但在分维度研究中介作用的过程中发现，原假设“分配公平—工作满意度—组织导向职场偏差行为 / 人际导向职场偏差行为”以及“互动公平—工作满意度—组织导向职场偏差行为 / 人际导向职场偏差行为”存在间接效应，而“过程公平—工作满意度—组织导向职场偏差行为 / 人际导向职场偏差行为”路径不显著。在对数据进一步分析中发现，过程公平与工作满意度间不存在直接效应。此结果与 Skarlicki 和 Folger 在组织公平与职场偏差行为研究中得出“过程公平对职场偏差行为的影响最小”相近[49]。基于不同的研究对象和研究目的，研究的结果呈现出了大相径庭的局面[180]，Colquitt 等认为组织公平与工作满意度间，分配公平与工作满意度间相关性最显著[78]。本书对于工作满意度在过程公平对职场偏差行为不具有中介作用的特殊性，分析认为可能与中国文化背景下员工对于公平的感知更重视来自工作任务、薪资、工作责任等分配上的公平，也较多地关注上司对自己是否友好，是否能对自己与对他人的态度、信息公平，而对于“过程”（如工作决策的程序、决策过程中对员工一视同仁以及员工可以质疑或反对领导决策等）是否公平并不十分关注，因此“过程公平—工作满意度—职场偏差行为”中介路径不显著。

3. 数据的分析结果支持了研究假设 H5

工作嵌入在组织公平与员工职场偏差行为关系中起显著负向调节作用，但各维度的结果也不一致。这与张冉对工作嵌入与工作绩效关系研究时的结果很相似[153]。

（1）工作嵌入在分配公平与人际导向职场偏差行为 / 组织导向职场偏差行为的负相关关系中起负向调节作用。表明工作嵌入在分配公平与员工职场偏差行为的负相关关系中起负向调节作用。换言之，当员工的工作嵌入度更高时，分配公平对员工人际导向职场偏差行为与组织导向职场偏差行为的负相关关系就变小了，即工作嵌入度较高的员工，在面对组织的分配不公时，展现人际导向职场偏差行为与组织导向职场偏差行为的可能性较低或职场偏差行为的程度较小；反之，当员工的工作嵌入度更低时，分配公平对员工人际导向职场偏差行为与组织导向职场偏差行为的负相关关系就变大了，即较低工作嵌入度的员工，在面对组织的分配不公时，就更可能展现出人际导向职场偏差行为与组织导向职场偏差行为。

（2）工作嵌入在过程公平与组织人际导向职场偏差行为 / 导向职场偏差行为间的调节作用不成立。这说明工作嵌入在过程公平与员工职场偏差行为的显著负相关关系中不起调节作用。

（3）工作嵌入在互动公平与人际导向职场偏差行为 / 组织导向职场偏差行

为的负相关关系中起负向调节作用。同上，这表明工作嵌入在互动公平与员工职场偏差行为的负相关关系中起负向调节作用。换言之，当员工的工作嵌入度更高时，互动公平对员工人际导向职场偏差行为与组织导向职场偏差行为的负相关关系就变小了，即工作嵌入度较高的员工，在面对组织的互动不公时，展现人际导向职场偏差行为与组织导向职场偏差行为的可能性较低；反之，当员工的工作嵌入度更低时，互动公平对员工人际导向职场偏差行为与组织导向职场偏差行为的负相关关系变大，即较低工作嵌入度的员工，在面对组织的互动不公时（如信息不对称等），展现出人际导向职场偏差行为与组织导向职场偏差行为的可能性会更高。

工作嵌入的调节效应意味着，高工作嵌入的员工，由于其与组织的关系较为紧密、与组织的匹配程度较高、离开组织的损失大，相对于低工作嵌入的员工对组织的情感会较深，因此对组织的包容度较高，当组织出现不公平事件时会由于上述原因而降低职场偏差行为的发生；反之，低工作嵌入的员工对组织情感较为淡薄，对组织不当事件（包括组织公平事件）的包容程度差，在组织公平事件发生时会强化职场偏差行为的产生力度和产生的可能。从此角度而言，提升员工的工作嵌入度利于组织在公平事件发生时降低职场偏差行为的发生。工作嵌入的调节作用研究对于组织公平对职场偏差行为的影响机制研究具有完善作用。

4. 数据分析还探索了人口统计特征与变量间的关系

（1）不同年龄分组的员工对人际导向职场偏差行为和组织导向职场偏差行为上有显著差异。具体而言，高年龄组员工的人际导向职场偏差行为和组织导向职场偏差行为显著多于低年龄组的员工。这与职场中观察到的现象相符。一般而言，高年龄组的员工多处于职业生涯的维持阶段，他们普遍对升职、加薪的期望低于低年龄组员工的期望，他们在组织中具有一定资历，大多远离工作中心，因此在组织不公平事件发生时，常会无所顾忌地表现出不满情绪，进而其职场偏差行为会高于低年龄组的员工。

（2）企龄仅对组织导向职场偏差行为方面有显著差异，在人际导向偏差行为方面无差异。具体来讲，企龄更长（10 年以上）的员工，组织导向职场偏差行为的可能性更大。换一个说法，企龄长即“资历老”。老资历的员工身处组织中重要岗位的可能性也更大，当组织公平事件发生时，较企龄短的员工发生诸如收回扣、偷窃企业财务等损害组织利益等组织导向的职场偏差行为的可能性更大。

（3）婚姻状况对工作嵌入变量有显著差异。具体来讲，已婚员工的工作嵌入程度显著高于未婚员工，这符合人们日常观察的结果。已婚员工由于普遍心理成熟度提高，对家庭的责任感促使自己保持较稳定的工作，也会在个人生活稳定的心态下追求事业发展，一旦选择了较为适合的组织后，便会以较稳定的心态融入组织、拥抱组织，将自己与组织的成长紧密联系在一起。而未婚员工由于生活中不确定因素较大，故而在工作中常有一种“走走看”的不稳定心态。综合来看，未婚员工对组织的工作嵌入程度相对较低。从对组织的心态而言，已婚员工的工作嵌入度常会高于未婚员工。

本章小结

本章对于组织公平与职场偏差行为的影响机制做了实证分析。问卷描述性统计分析结果表明样本的分布无异常，可用作数据分析；信度及效度较好，问卷适合进行研究分析。

在文献分析与调研数据分析的基础上，确定了本书的控制变量。采用了方差分析的方法对人口统计特征与各变量间的关系进行了研究，确定后续研究的控制变量为年龄、婚姻、企龄和企业性质，而性别和受教育程度将不被作为控制变量。研究发现：性别特征、受教育程度特征与各变量无显著差异；年龄特征对人际导向职场偏差行为和组织导向职场偏差行为存在显著差异；婚姻状况对工作嵌入变量有显著差异；企龄特征对组织导向职场偏差行为存在显著差异。

假设检验部分是本章的重点内容，进行了变量间的相关性检验、工作满意度在组织公平（分维度）对职场偏差行为影响中的中介效应检验、工作嵌入在组织公平（分维度）与职场偏差行为影响中的调节效应检验，最后检验了整体组织公平对职场偏差行为影响的中介效应以及调节效应。在相关检验中发现，组织公平的各维度与组织导向两个维度的职场偏差行为均为负相关关系，且分配公平、过程公平和互动公平对组织导向职场偏差行为和人际导向职场偏差行为的影响相差无几。从相关性上不能区分出哪个维度对组织导向职场偏差行为或人际导向职场偏差行为的影响更强。

在对工作满意度中介效应的检验中发现，工作满意度在过程公平与组织导向职场偏差行为、人际导向职场偏差行为中均不起中介作用，在分配公平与组织导向职场偏差行为、人际导向职场偏差行为中起完全中介作用，在互动公平与组织导向职场偏差行为、人际导向职场偏差行为间起完全中介作用，且分配公平对工作满意度的影响大于互动公平对工作满意度的影响。

对工作嵌入在组织公平与职场偏差行为中的调节作用的检验中发现，工作嵌入在分配公平、互动公平路径中起调节作用，但在过程公平路径中不起调节作用。具体表现为：工作嵌入在分配公平 / 互动公平与人际导向职场偏差行为的负相关关系中具有负向调节作用，即当员工的工作嵌入降低，分配公平 / 互动公平对人际导向职场偏差行为的影响升高，相反会降低；工作嵌入在分配公平 / 互动公平与组织导向职场偏差行为的负相关关系中起负向调节作用，即当员工的工作嵌入高时，分配公平 / 互动公平对组织导向职场偏差行为的影响会降低，反之会升高。

第六章　研究结论与展望

第一节　研究的主要结论

本书基于366份调查问卷所得的数据进行了统计分析，探讨了组织公平的三大维度（分配公平、过程公平、互动公平）对员工职场偏差行为（包括人际导向职场偏差行为和组织导向职场偏差行为）的影响，在此基础上尝试性探索工作满意度的中介作用及工作嵌入的调节作用，得出如下主要研究结论：

（一）组织公平与员工的职场偏差行为呈显著负相关关系

将两个变量分别按各自维度展开，其相互关系结果如下：

（1）分配公平与人际导向职场偏差行为、组织导向职场偏差行为均呈负相关关系，这表明总体上分配公平与员工职场偏差行为呈显著负相关。

（2）过程公平与人际导向职场偏差行为、组织导向职场偏差行为呈负相关关系，这表明总体上过程公平与员工职场偏差行为呈显著负相关。

（3）互动公平与人际导向职场偏差行为、组织导向职场偏差行为呈负相关关系，这表明总体上互动公平与员工职场偏差行为呈显著负相关。

（4）当员工感受到组织不公平时，出现组织导向的职场偏差行为的倾向会大于人际导向的职场偏差行为。

（二）工作满意度在组织公平对员工职场偏差行为的影响中具有中介作用

统计分析结果表明，从总体来看，工作满意度在组织公平与员工职场偏差行为关系中起中介作用，但各维度的结果并不一致，具体为：

（1）工作满意度在分配公平与组织导向职场偏差行为 / 人际导向职场偏差间起完全中介作用。这表明工作满意度在分配公平与员工职场偏差行为的显著负相关关系中起完全中介作用。

（2）工作满意度在过程公平与组织导向职场偏差行为 / 人际导向职场偏差行为间的中介作用不成立。这表明工作满意度在过程公平与员工职场偏差行为的显著负相关关系中不起中介作用。

（3）工作满意度在互动公平与组织导向职场偏差行为 / 人际导向职场偏差行为间起完全中介作用。这表明工作满意度在互动公平与员工职场偏差行为的显著负相关关系中也起完全中介作用。

（三）工作嵌入在组织公平与员工职场偏差行为关系中具有调节作用

研究结果表明，工作嵌入在组织公平与员工职场偏差行为的关系中起显著负向调节作用，但各维度的结果也不一致，工作嵌入在过程公平对人际导向偏差行为 / 组织导向偏差行为均不具有调节作用，而分配公平和互动公平对人际导向的偏差行为 / 组织导向的偏差行为均起到调节作用。具体分维度研究状况为：

（1）工作嵌入在分配公平与人际导向职场偏差行为 / 组织导向职场偏差行为的负相关关系中起负向调节作用。这表明工作嵌入在分配公平与员工职场偏差行为的负相关关系中起负向调节作用。

（2）工作嵌入在过程公平与人际导向职场偏差行为 / 导向职场偏差行为间的调节作用不成立。这表明工作嵌入在过程公平与员工职场偏差行为的显著负相关关系中不起调节作用。

（3）工作嵌入在互动公平与人际导向职场偏差行为 / 组织导向职场偏差行为的负相关关系中起负向调节作用。这表明工作嵌入在互动公平与员工职场偏差行为的负相关关系中起负向调节作用。

（四）人口统计特征与多个变量间的关系

本书在对人口统计特征的分析中发现了一些有意思的结论：

（1）性别和受教育程度在各变量上没有显著差异。

（2）不同年龄分组的员工在人际导向职场偏差行为和组织导向职场偏差行为变量有显著差异，具体来讲，高年龄组员工的人际导向职场偏差行为和组织导向职场偏差行为显著多于低年龄组的员工。

（3）企龄仅对组织导向职场偏差行为方面有显著差异，在人际导向偏差行为方面无差异。具体来讲，企龄更长（10 年以上）的员工，组织导向职场偏差行为的可能性更大。

（4）婚姻状况对工作嵌入变量有显著差异。具体来讲，已婚员工的工作嵌入程度显著高于未婚员工。

第二节 理论贡献及管理启示

一、本书构建了组织公平对职场偏差行为的影响机制模型

通过梳理职场偏差行为研究的理论文献脉络，基于组织公平提出职场偏差行为模型，通过对组织公平和职场偏差行为分维度分析，构建了组织公平对职场偏差行为的理论模型，拓展了相关的研究思路，厘清了维度之间的内在关联，对以往学者所做的整体性、较为笼统的研究做了有益的补充。

二、识别出工作满意度在组织公平与职场偏差行为间的完全中介作用

本书在理论分析、初步构建模型的基础上，对企业员工发放了调查问卷，并通过 SPSS、AMOS 软件，细致地检验了工作满意度在组织公平及其三个子维度（分配公平、过程公平及互动公平）与员工职场偏差行为（人际导向职场偏差行为与组织导向职场偏差行为）之间的中介作用，以实证的方法构建了工作满意度为中介的组织公平对职场偏差行为的影响模型，对职场偏差行为领域的相关研究提供了细致的经验证据。

三、探索性地提出并检验了工作嵌入在组织公平对职场偏差行为关系中的边界作用

本书在前两个方面的研究基础之上，引入了工作嵌入变量作为组织公平对职场偏差行为的调节变量，并进行了细致的研究，结果也在整体上和不同维度上验证了研究假设，相关结论不仅为上述变量关系路径增加了新的条件因素，丰富了相关领域的理论逻辑，贡献了新的知识。

基于本书的研究结论，可为企业防范职场偏差行为管理实践带来以下有益的启示：

（1）组织公平与员工职场偏差行为的显著负相关关系为管理者注重组织公平提供了理论依据。加强管理者对分配公平、过程公平以及互动公平的认知水平，有助于纠正员工职场偏差行为。如果管理者对职场偏差行为的产生机制缺乏正确认识，只注重建立以及依靠规章制度进行处罚和约束，则可能导致员工产生逆反

心理。基于此，本书提出：除用规章制度等制约和控制职场偏差行为以外，企业更应该关注组织公平等环境因素对职场偏差行为的影响。管理者应尽可能维持组织公平，如在分配公平方面，设置公平的报酬福利，在利益分配、工作分配、工作责任以及任务指派等方面尽可能做到公平，这样会有助于减少员工的职场偏差行为；过程公平提示管理者，对组织中有关工作的决策要按照相应的程序进行，在制定工作决策前注意听取员工意见和建议、收集工作决策相关信息等，在决策中对相关员工一视同仁，在决策后允许员工对工作决策提出质疑等，设置“公示”“申诉”等环节，尽可能从过程公平角度做到公平公正，以减少员工的职场偏差行为；互动公平给予管理者的提示是，当上司对工作进行决策时，要注意与下属沟通中的公平（即互动公平），如提供给下属本次工作决策的理由、关注下属的需求及权利，在决策过程中可以与下属进行决策讨论，对下属就工作决策进行必要的解释，给员工创建公平的组织环境和工作氛围，如此这般，可在一定程度上纠正职场偏差行为，甚至将职场偏差行为遏制在萌芽中。

（2）“工作满意度的中介作用”提示管理者在实践管理中要特别关注组织公平。组织是否公平的感受来自员工对某事件处理结果的公平感知、对于处理事件的过程等公平与否的感受，这些感受会通过影响员工的工作满意度感知而对员工的职场偏差行为发生作用。员工的工作满意度是管理领域中比较重要的要素。提高员工的工作满意度，将有益于降低职场偏差行为的发生频率或强度。员工对工作满意度的评价来自工作本身、薪资、晋升、同事以及管理等方面，若管理中存在不公平现象（即情感事件），会使员工对组织公平产生质疑并降低与同事间的合作，导致员工不满，使员工间的关系疏远，降低员工对工作的满意度，员工的不满情绪可能会导致职场偏差行为出现[136]。因此，管理者在提升员工的工作满意度时，一是建立完善组织规范的管理制度；二是尽可能地从报酬福利、工作分配、工作责任、有关工作的决策程序、在与下属沟通时关注下属需求和权利等方面，尽力营造组织公平的环境和工作氛围；三是通过各种必要的措施从工作本身、员工与岗位的匹配程度等多方面提升员工的工作满意度，从而最大限度地减少员工职场偏差行为甚至将其消灭于无形之中。

（3）“工作嵌入的调节作用”为管理者防范员工职场偏差行为提供了较为明确的实施方向。提升员工的工作嵌入程度，对防范职场偏差行为大有裨益。工作嵌入可以理解为员工由于外部和内部的环境而依附于组织的程度。工作嵌入度高的员工一般对组织怀有较深的感情，会以较容忍的态度对待组织中发生的不良事件，从而在不良事件发生时会减少职场偏差行为发生的强度和概率，因此，在组织中提升员工的工作嵌入度是降低职场偏差行为的良好做法。提升员工工作嵌入度除了要考虑组织公平（如报酬福利、工作分配、与工作有关的决策程序、关注下属需求以及权利等）等组织环境因素，还要从具体的管理工作中着手：管理者在员工招聘时尽量招聘与组织发展方向一致的员工、筛选组织需要的人才，在员工培训和个人生涯发展中引导员工主动树立与组织目标一致的发展方向，培养组织需要的技能，以增强员工与组织的匹配程度；在企业文化的内涵发展中树立关爱员工的理念，让员工能在组织制度、福利等方面感知到与组织是紧密相连的，使员工感受到自己与组织一体，强化员工与组织的紧密程度；从工作本身看，还可以给予员工更多的认可，给员工具有难度的、有挑战性的工作任务，以增加员工的成就感；通过员工持股、让员工参与决策等方式加大员工与组织的共同利益，或可转变理念，如树立“人人都是经营者”意识，引导组织员工上下一心共同发展组织，增加员工与组织的黏性和嵌入程度等。员工与组织的联系越紧密、匹配度越高、离开组织后损失越大，则会降低组织公平事件发生时给组织带来的职场偏差行为的坏影响。

（4）人口统计特征的研究结果，为管理者在员工职场偏差行为的防范重点上做了清晰的提示。关注员工的个体差异，在防范职场偏差行为的发生上具有一定效果。从本次实证研究的结果看，职场偏差行为与性别和受教育程度无关，但与年龄、企龄有关。该研究结果为管理者提供了职场偏差行为的重点关注人群。当组织发生公平事件等不良事件，可能导致职场偏差行为时，管理者应重点关注年龄偏大的、企龄较长的员工。年龄偏大的员工由于大多远离工作中心，更容易发生人际导向的职场偏差行为，因此对高年龄的员工重点做好心理疏导工作，可以减少职场偏差行为发生；在组织公平类的不良事件发生时，企龄长的员工由于更多身处组织的重要岗位，一旦消极对抗，更易产生组织导向的职场偏差行为，所以管理者对于企龄长且在重要岗位的员工要加强管理，不但要用良好工作制度约束，还应给予其警示，提醒其“不忘初心”，以纠正其职场偏差行为。人口统计学特征与职场偏差行为的差异为管理者提供了一个防患于未然的工作思路，若在相应的阶段采取必要的预防措施，就可以减少可能的职场偏差行为，降低其对组织的不良影响。

第三节　研究局限及展望

在研究结束后，课题尚存在不足：第一，本书采用的测量数据均来自相同的被试者，难以避免同源偏差。同源偏差具有放大研究变量间关系的可能，从此角度而言，可能影响研究结论；第二，用来研究的数据是同一时点的数据，可能在验证变量之间因果关系存在偏差；第三，职场偏差行为具有隐蔽性，被试者不可能完全了解同事的职场偏差行为情况，以个体评价同事的职场偏差行为情况间接反映被试者实施的职场偏差行为具有一定的局限性；第四，本书采用的各个原始量表都是国外学者开发的，虽说经过验证，信效度也较好，但是否适用于中国文化，也需商榷，可能影响研究结论。

对其他组织相关情境变量的讨论。当前研究表明，其他一些重要的组织情境变量如组织承诺、不当领导等，也可能对员工的职场偏差行为产生直接的影响。本书的关注点在于组织公平，因此没有讨论这些重要组织情境变量的作用，但并不能排除它们的影响，因此有必要在未来研究中进行讨论。

在未来的研究中，可以在研究方法、研究内容上继续深入研究：

在研究方法上可对测量量表、样本、数据收集方式及研究设计等方面进行改进，继续对组织公平与职场偏差行为的关系进行检验。如检验中国情境下的组织公平、职场偏差行为量表的关系，可根据真实考核记录对可测量的职场偏差行为进行测量等收集数据等；本书只采用了一种问卷，若能用信效度相同、测量内容一致而问卷形式不同的调查，会促进研究的深度；研究的组织公平事件的发生与个人感知都不是静止不变的，而是动态的，这些事件发生的场合、时间、频率等情境都会对职场偏差行为产生影响。后续研究若从动态的角度开展研究，进行时间跨度的纵向跟踪研究，将会更有意义。另外，通过不间断研究，对数据进行挖掘和积累案例，会促进组织职场偏差行为预警机制的建立，力图形成组织公平、职场偏差行为等问题的常规化管理手段。

在研究模型的构建方法上，还可以尝试采用行为事件访谈法（Behavioral Event Interview，BEI），该方法是在开放式的行为回顾中探索相关的行为数据，并依据描述分析建立相应的研究模型，这样建立的模型可能会对研究产生新的启示。

研究内容上还可以继续深入。一方面，可对具有不同文化背景的我国不同区域如长三角、珠三角、西部等地区的企业员工进行探究并作比对研究，以探究具有特色的不同地域间可能存在的一些相关差异；另一方面，可深入探讨组织公平对职场偏差行为产生影响的其他中介机制，如组织承诺、不当领导等因素，以丰富和发展的理论研究职场偏差行为体系。另外，可以对本书中发现的“过程公平”的特殊性做进一步研究，探讨在我国文化背景下，“过程公平”与职场偏差行为的路径中的中介变量和调节变量是否依然存在特殊。

参考文献

［1］Adams J S. Inequity in social exchange［J］. Advances in Experimental Social Psychology，1965，2（4）：267–299.

［2］Robinson S，Bennnett R. A typology of deviant workplace behaviors：A multi dimensional scaling study［J］. Academy of Management Journal，1995，38（2）：555–572.

［3］Bennett R J，Robinson S L. The development of a measure of workplace deviance［J］. Journal of Applied Psychology，2000（85）：349–360.

［4］Case J. Employee theft：The profit killer［M］. DelMar，CA：John Case Associates，2000.

［5］Coffin B. Breaking the silence on white collar crime［J］. Risk Management，2003，50（6）：8–15.

［6］张季媛，王文宇．我国工作场所中负面行为调查及分析［J］. 财贸研究，2008（6）：101–107.

［7］Hoel H，Faragher B，Cooper C. Bullying is detrimental to health，but all bullying behaviors and not necessarily equally damaging［J］. British Journal of Guidance & Counseling，2004，32（3）：367–387.

［8］李艳华，凌文辁．谈组织公平与工作场所中越轨行为的关系［J］. 商业时代，2006（16）：45，53.

［9］彭草蝶，储小平，黄嘉欣，等．苛责式督导、组织公正与员工偏差行为——基于广东民营企业的经验证据［J］. 南方经济，2013（9）：8–16.

［10］Tyler T R. The psychology of procedural justice：A test of the group value model［J］. Journal of Personality and Social Psychology，1989，57（2）：333–344.

［11］Kyung，Kim Jong. A structural model of hospital nurses'turnover intention–focusing on organizational characteristics，job satisfaction，and job embeddedness［J］.

Journal of Korean Academy of Nursing Administration，2016，22（3）：292–302.

［12］杨杰，凌文辁，方俐洛．工作场所越轨行为的定义、特性与分类体系解析［J］．心理科学进展，2004（3）：472–479.

［13］赵君，蔡翔．人口统计学特征对工作场所偏差行为的差异性影响研究［J］．软科学，2014（8）：112–116.

［14］陈晓萍，沈伟．组织与管理研究的实证方法（第三版）［M］．北京：北京大学出版社，2018.

［15］Cropanzano R，Mitchell M S. Social exchange theory：An interdisciplinary review［J］. Journal of Management，2005（31）：874–900.

［16］Homans G C. Social behavior as exchange［J］. American Journal of Sociology，1958，63（6）：597–606.

［17］Rhoades L，Eisenberger R. Perceived organizational support：A review of the literature［J］. Journal of Applied Psychology. 2002，87（4）：698–714.

［18］Colquitt J. A. On the dimensionality of organizational justice：A construct validation of a measure［J］. Journal of Applied Psychology，2001，86（3）：386–400.

［19］Hollinger R C，Clark J P. Formal and informal social controls of employee deviance［J］. The Sociological Quarterly，1982，23（3）：333–343.

［20］Masterson，Suzanne S，Lewis，Kyle，Goldman. Integrating justice and social exchange：The differing effects of fair procedures and treatment on work relationships［J］. Academy of Management Journal，2000，43（4）：738–748.

［21］Biron M. Negative reciprocity and the association between perceived organizational ethical values and organizational deviance［J］. Human Relations，2010，63（6）：875–897.

［22］Weiss H M，Cropanzano R. Affective events theory：A theoretical discussion of the structure causes and consequences of affective experiences at work［J］. Research in Organizational Behavior，1996，18（3）：1–74.

［23］Spencer S，Rupp D E. Angry，guilty，and conflicted：Injustice toward coworkers heightens emotional labor through cognitive and emotional mechanisms［J］. Journal of Applied Psychology，2009，94（2）：429–444.

［24］Spector P E，Fox S. Counterproductive work behavior and organizational citizenship behavior：Are they opposite forms of active behavior?［J］. An International

Review，2010(59)：21–39.

[25] 陈云，杜鹏程．情感事件理论视角下自恋型领导对员工敌意的影响研究 [J]. 管理学报，2020，17(3)：374–382.

[26] Harrison，Wayne. Misbehavior in Organizations：Theory，research，and management(Book)[J]. Personnel Psychology，2004，57(3)：807–811.

[27] Spector P E，Fox S，Penney L M，Bruursema K，Kessler S. The dimensionality of counterproductivity：Are all counter productive behaviors created equal? [J]. Journal of Vocational Behavior，2006，68(3)：446–460.

[28] 彭贺．知识员工反生产行为的结构及测量 [J]. 管理科学，2011，24(5)：12–22.

[29] 马吟秋，席猛，许勤，赵曙明．基于社会认知理论的辱虐管理对下属反生产行为作用机制研究 [J]. 管理学报，2017(8)：1153–1161.

[30] 韩锐，李景平．薪酬公平感、人格特质对公务员越轨行为的影响 [J]. 经济与管理研究，2013(12)：91–99.

[31] 高日光，孙健敏．破坏性领导对员工工作场所越轨行为的影响 [J]. 理论探讨，2009(5)：156–158.

[32] 刘善仕．企业员工越轨行为的组织控制策略研究 [J]. 华南师范大学学报（社会科学版），2004(6)：135–138.

[33] 杨杰，Hannah–Hanh Nguyen，陈小锋．工作场所越轨行为结构分类研究 [J]. 管理学报，2011，8(3)：403–408.

[34] Yu K，Liu C，Li Y H. Beyond social exchange：Career adaptability linking work stressors and counterproductive work behavior [J]. Frontiers in Pschology，2019(10)：7–14.

[35] Judge T A，Heller D，Mount M K. Five–factor model of personality and job satisfaction：A meta–analysis [J]. Journal of Applied Psychology，2002，87(3)：530–541.

[36] Mount M，Ilies R，Johnson E. Relationship of personality traits and counterproductive work behavior：The mediating effects of job satisfaction [J]. Personnel Psychology，2006，59(3)：591–622.

[37] Berry C M，Ones D S，Sackett P R. Interpersonal deviance，organizational deviance，and their common correlates：A review and meta–analysis [J]. Journal of

Applied Psychology，2007，92（2）：410-424.

［38］刘文彬，井润田，李贵卿．员工人格特质对反生产行为的影响机制研究：团队伦理气氛的跨层次调节［J］. 预测，2014（4）：8-14，41.

［39］Spector P E. The relationship of personality to counterproductive work behavior：An integration of perspectives［J］. Human Resource Management Review，2011，1（4）：342-352.

［40］詹小慧，李群，杨东涛．LMX 差异化对反生产行为的影响——基于跨层次的调节效应［J］. 山西财经大学学报，2019，41（1）：87-97.

［41］Erdogan B，Bauer，T N. Differentiated leader-member exchange：The buffering role of Justice climate［J］. Journal of Applied Psychology，2010，95（6）：1104-1120.

［42］Tepper B J. Consequences of abusive supervision［J］. Academy of Management Journal，2000，43（2）：178-190.

［43］刘军，吴隆增，林雨．应对辱虐管理：下属逢迎与政治技能的作用机制研究［J］. 南开管理评论，2009（2）：52-58.

［44］颜爱民，高莹．辱虐管理对员工职场偏差行为的影响：组织认同的中介作用［J］. 首都经济贸易大学学报，2010（6）：55-61.

［45］肖增瑞，郭东杰．辱虐管理、绩效归因与下属偏差行为研究［J］. 经济与管理研究，2020，41（10）：121-131.

［46］于静静，赵曙明，蒋守芬．不当督导对员工组织承诺、职场偏差行为的作用机制研究——领导—成员交换关系的中介作用［J］. 经济与管理研究，2014（3）：120-128.

［47］侯曼，武敏娟．价值理性视角下家长式领导与新生代员工反生产行为关系研究［J］. 领导科学，2018（32）：46-48.

［48］刘文彬，唐超，唐杰．差序式领导对员工反生产行为的影响机制——基于多理论视角的探索性研究［J］. 运筹与管理，2020，29（11）：223-231.

［49］Skarlicki D P，Folger R. Retaliation in the workplace：The roles of distributive，procedural，and interactional justice［J］. Journal of Applied Psychology，1997，82（3）：434-443.

［50］Fox S，Spector P E，Miles D. Counterproductive work behavior（CWB）in response to job stressors and organizational justice：Some mediator and moderator tests for autonomy and emotions [J]. Journal of Vocational Behavior，2001，59（3）：291–309.

[51] Akremi A E，Vandenberghe C，Camerman J. The role of justice and social exchange relationships in workplace deviance：Test of a mediated model [J]. Human Relations，2010，63(11)：1687–1717.

[52] Tziner A，Fein E C，Kim S K，Vasiliu C，Shkoler O. Combining associations between emotional intelligence，work motivation，and organizational justice with counterproductive work behavior：A profile analysis via multidimensional scaling（PAMS）approach [J]. Fronties In Psychology，2020，（11）：7–14.

[53] Hashish E A A. Nurses'perception of organizational justice and its relationship to their workplace deviance [J]. Nursing Ethics，2020，27（1）：273–288.

[54] 余璇，陈维政 . 整体公平感与员工工作场所行为：组织信任和组织自尊的不同作用 [J]. 华东经济管理，2016（3）：131–135.

[55] 刘玉新，张建卫，黄国华 . 组织公正对反生产行为的影响机制——自我决定理论视角 [J]. 科学学与科学技术管理，2011（8）：162–172.

[56] 陈春花，刘景龙 . 反生产行为管理策略研究：组织公正视角 [J]. 科技管理研究，2012（1）：193–196.

[57] Dalal R S. A meta–analysis of the relationship between organizational citizenship behavior and counterproductive work behavior [J]. Journal of Applied Psychology，2005，90（6）：1241–1255.

[58] Caplan R D，Jones K W. Effects of workload，role ambiguity，and type a personality on anxiety，depression，and heart rate [J]. Journal of Applied Psychology，1975，60（6）：713–719.

[59] Chen P Y，Spector P E. Relationships of work stressors with aggression，withdrawal，theft and substance use：Anexploratory study [J]. Journal of Occupational and Organizational Psychology，1992，65（3）：177–184.

[60]Doeringer P B，Piore M J. Internal labor markets and manpower analysis [M]. Massachusetts. D. C：Heath and Company，1971.

[61] Rusbult C E，Farrell D，Rogers G，Mainous A C. Impact of exchange variables，on exit，voice，loyalty，and neglect：An integrative model of responses to declining job satisfaction [J]. Academy of Management Journal，1988，31（3）：599–627.

［62］Withey M J，Cooper W H. What's loyalty?［J］. Employee Responsibilities and Rights Journal，1992，5（3）：231-240.

［63］Robinson S L，Kraatz M S，Rousseau D M. Changing obligations and the psychological contract：A longitudinal study［J］. Academy of Management Journal，1994，37（1）：137-152.

［64］Turley W H，Feldman D C. The impact of psychological contract violations on exit，voice，loyalty，and neglect［J］. Human Relations，1999，52（7）：895-922.

［65］张永军 . 组织政治知觉对员工反生产行为的影响：心理契约破裂的中介检验［J］. 商业经济与管理，2013（10）：63-71.

［66］刘文彬，井润田 . 组织文化影响员工反生产行为的实证研究——基于组织伦理气氛的视角［J］. 中国软科学，2010（9）：118-129，139.

［67］王娟，张喆，范文娜 . 高绩效工作系统、心理契约违背与反生产行为之间的关系研究：一个被调节的中介模型［J］. 管理工程学报，2018，32（2）：8-16.

［68］赵君，赵书松 . 发展式绩效考核对反生产行为的影响——探讨组织承诺和领导政治技能的作用［J］. 软科学，2016（9）：66-70.

［69］刘亚，龙立荣，李晔 . 组织公平感对组织效果变量的影响［J］. 管理世界，2003（3）：126-132.

［70］汪新艳 . 中国员工组织公平感结构和现状的实证解析［J］. 管理评论，2009（9）：39-47.

［71］Ambrose M L，Schminke M. The role of overall justice judgments in organizational justice research：A test of mediation［J］. Journal of Applied Psychology，2009，94（2）：491.

［72］李超平，时勘 . 优势分析在组织行为学研究中的应用——组织公平与工作倦怠关系的实证研究［J］. 数理统计与管理，2005（6）：47-51.

［73］李前兵 . 感知的组织公平对制造企业技能人才工作态度的影响——对苏州中小制造企业的调查研究［J］. 软科学，2008（12）：132-136.

［74］朱天一 . 领导风格与员工工作满意的关系——组织公平认知为中介效果的研究［J］. 经济管理，2012（6）：54-64.

［75］钱爱民，郁智，步丹璐 . 结果公平还是过程公平？——基于薪酬激励对员工离职的实证分析［J］. 经济与管理研究，2014（9）：101-109.

［76］Bies R J，Moag J F. Interactional justice：Communication criteria of fairness [J] . Research on Negotiations Inorganizations, 1986, 1 (1): 43–55.

[77] Cohen C Y, Spector P E. The role of justice in organizations: A meta–analysis [J]. Organizational Behavior and Human Decision Processes, 2001, 86 (2): 278–321.

[78] Colquitt J A, Conlon D E, Wesson M J, Porter COLH, Ng K Y. Justice at the millennium: A meta–analytic review of 25 years of organizational justice research [J]. Journa of Applied Psychology, 2001 (86): 425–445.

[79] 杨月坤，杨惠 . 组织公平对科技人才创新行为的影响研究：内部人身份认知和工作嵌入的作用 [J]. 领导科学，2021 (2)：68–72.

[80] Hyun B. M. Moderating effect analysis of interactional justice on relation of distributive justice and procedural justice to job satisfaction and organizational commitment [J]. Asia–pacific Journal of Multimedia Services Convergent with Art, Humanities, and Sociology, 2019, 9(7): 911–923.

[81] 李晔，龙立荣 . 组织公平感研究对人力资源管理的启示 [J]. 外国经济与管理，2003 (2)：12–17.

[82] 邢以群，方健俊 . 组织公平对工作焦虑的影响——领导—成员交换关系的调节效应研究 [J]. 现代管理科学，2013 (2)：94–97.

[83] 魏新，杨俊 . 工作偏差行为的影响因素及其治理策略 [J]. 中国人力资源开发，2012 (3)：105–108.

[84] 柯丽菲，黄远仪，姚建明 . 服务性企业员工组织公民行为与组织承诺、组织公平感关系实证研究 [J]. 软科学，2007 (5)：17–21.

[85] 马力，曲庆 . 可能的阴暗面：领导—成员交换和关系对组织公平的影响 [J]. 管理世界，2007 (11)：87–95.

[86] 张冉 . 残疾人组织公平、工作嵌入与工作绩效：一个典型职场弱势群体的实证 [J]. 中央财经大学学报，2015 (2)：98–105.

[87] 任华亮，杨东涛，汪潇 . 员工为何心生报复？——基于公平视角的研究 [J]. 商业经济与管理，2015 (8)：22–31.

[88] Colquitt J A, Shaw J C. How should organizational justice be measured? [M]. Handbook of Organizational Justice, Mahwah, NJ: Erlbaum, 2005.

[89] 朱其权，龙立荣 . 互动公平研究评述 [J]. 管理评论，2012，24 (4)：101–106.

[90] 汪凤炎，郑红 . 论中西方自我的差异 [J]. 西南大学学报（人文社会科学版），2007（1）：11–16.

[91] 樊浩 . 东西方文化“自我”形态的比较 [J]. 江苏社会科学，1992（2）：108–112.

[92] 张旭，樊耘，颜静 . 文化背景对组织支持和组织公平影响的调节作用 [J]. 经济管理，2013（7）：85–93.

[93] Imamoglu S Z，Ince H，Turkcan H，Atakay B，The effect of organizational justice and organizational commitment on knowledge sharing and firm performance [J]. Procedia Computer Science，2019（158）：899–906.

[94] 毛军权，汤馥萍 . 反生产行为概念辨析及相关研究进展 [J]. 经济与管理，2012（7）：48–52.

[95] 皮永华，宝贡敏 . 西方组织报复行为理论研究述评 [J]. 外国经济与管理，2006（3）：40–44，65.

[96] Singh S K，Singh A P. Interplay of organizational justice，psychological empowerment，organizational citizenship behavior，and job satisfaction in the context of circular economy [J]. Management Decision，2019，57（4）：937–952.

[97] Haghighinezhad G，Atashzadeh S F，Ashktorab T，Mohtashami J，Barkhordari S M. Relationship between perceived organizational justice and moral distress in intensive care unit nurses [J]. Nursing Ethics，2019，26（2）：460–470.

[98] Sarti D. Balancing organizational justice and leader–member exchange to engage workforce [J]. Journal of Workplace Learning，2019，31（3）：231–246.

[99] Lambert E G，Haynes S H，Keena L D，May D，Leone M. Research note：The relationship of organizational justice variables with job involvement among southern prison staff [J]. Journal of Crime & Justice，2019，42（4）：480–494.

[100] Sahoo R，Sahoo C K. Organizational justice，conflict management and employee relations：The mediating role of climate of trust [J]. International Journal of Manpower，2019，40（4）：783–799.

[101] 孟秀兰，柴攀峰，黄中伟 . 工作价值观、组织公平与离职倾向及其代际差异 [J]. 科研管理，2020，41（6）：219–227.

[102] May D C，Lambert E G，Leone M C，Keena L D，Haynes S H. Stress among correctional officers：An organizational justice approach [J]. American Journal

of Criminal Justice，2020，45(3)：454–473.

[103] Beauregard T A. Fairness perceptions of work life balance initiatives：Effects on counterproductive work behaviour [J]. British Journal of Manangement，2014，25 (4)：772–789.

[104] 周浩，龙立荣 . 分配制度公平对员工分配公平感的影响：中国组织情境下的实证研究 [J]. 心理与行为研究，2014，12 (5)：675–681.

[105] Chosh K. How and when do employees identify with their organizationl (mis) trust at workplace [J]. Personnel Review，2018，47 (5)：1157–1175.

[106] Otting S K，Maier G W. The importance of procedural justice in Human–Machine Interactions：Intelligent systems as new decision agents in organizations [J]. Computers in Human Beavior，2018 (89)：27–39.

[107] 叶宝娟，李露，夏扉，宫盛花，刘明矾，王鑫强，等 . 农村幼儿教师的组织公平感与其职业倦怠的关系：心理授权的中介作用与家庭支持的调节作用 [J]. 心理科学，2020，43 (1)：125–131.

[108] 张晓怿，王云峰 . 组织公正如何激发组织活力？——群体层面公正氛围对建言行为的影响及机制研究 [J]. 外国经济与管理，2018，40 (6)：116–128.

[109] 董建华，高英 . 知识型员工工作投入的影响机制研究——基于组织公平视角 [J]. 技术经济与管理研究，2019 (2)：65–69.

[110] 颜爱民，孙益延，谢菊兰，郭好 . 企业社会责任与组织公平感的关系研究述评 [J]. 管理学报，2020，17 (4)：623–632.

[111] Smith P C，Kendall L，Hulin C L. The measurement of satisfaction in work and retirement [M]. Chicago：Rand McNally，1969.

[112] Hoppock Robert. Job satisfaction [M]. New York：Harper & Brothers publishers，1935.

[113] Porter L，Steers R，Mowday R，Boulian P. Organizational commitment，job satisfaction and turnover among psychiatric technicians [J]. Journal of Applied Psychology，1974(59)：603–609.

[114] 董临萍，吴冰，黄维德 . 中国企业魅力型领导风格员工工作态度与群体绩效的实证研究 [J]. 管理学报，2010 (10)：1494–1499.

[115] 苏方国，赵朋，赵曙明 . 职场隔离对服务质量与工作满意度的影响——情感承诺的中介效应 [J]. 华东经济管理，2015 (4)：124–129.

［116］黄桂．员工满意度的提升：制约与误区［J］. 管理世界，2007（10）：160–161.

［117］黄桂．员工满意度影响因素的实证研究［J］. 管理世界，2005（11）：160–161.

［118］罗明忠，陈明．工作特征、员工满意度与劳动争议处理行为［J］. 南方经济，2014（11）：78–92.

［119］Duffy R D，Sedlacek W E. The salience of a careercalling among college students：Exploring group differences and links to religiousness，life meaning，and life satisfaction［J］. The Career Development Quarterly，2010，59（1）：27–41.

［120］白光林，凌文轮，李国昊．职业高原与工作满意度、组织承诺、离职倾向关系研究［J］. 软科学，2011（2）：108–111.

［121］李敏，黄怡．员工组织职业生涯管理感知对工作满意度的影响——组织支持感的中介作用［J］. 中国人力资源开发，2013（17）：73–77.

［122］田立法．工作满意度的五维外生致因：孰轻孰重？［J］. 外国经济与管理，2019（9）：75–90.

［123］Hackman J R，Oldham G R. Motivation through the design of work：Test of a theory［J］. Organizational Behavior and Human Performance，1976，16（2）：250–279.

［124］Morris S A，Marshall T E，Rainer R K Jr. Impact of user satisfaction and trust on virtual team members［J］. Information Resources Management Journal，2002，15（2）：22–30.

［125］Witt L A，Nye L G. Gender and the relationship between perceived fairness of pay or promotion and job satisfaction［J］. Journal of Applied Psychology，1992，77（6）：910–917.

［126］刘朝，夏妮，马超群，王赛君．变革型领导风格对员工工作满意度影响的实证研究——以组织公平为中介变量［J］. 湖南大学学报（社会科学版），2013，27（2）：42–47.

［127］王海珍，刘新梅，张永胜．派系形成对员工满意度的影响及机理：社会网络视角的研究［J］. 管理评论，2011（12）：116–123，138.

［128］林声洙，杨百寅．家长式领导对员工工作满意度的影响：组织支持感的中介作用［J］. 现代管理科学，2013（2）：3–5.

［129］李敏，杜鹏程．管理者自恋抑制员工工作满意度吗？［J］. 安徽大学学

报（哲学社会科学版），2020，44（2）：147-156.

［130］吴文华，肖艳平，刘建云．组织职业生涯管理与工作满意度的关系——基于软件研发人员的实证研究［J］. 管理评论，2007（11）：30-34，63-64.

［131］Bateman T S，Organ D W. Job satisfaction and the good soldier：The relationship between affect and employee "Citizenship"［J］. Academy of management Journal，1983，26（4）：584-595.

［132］Organ D W，Ryan K A. Meta-analytic review of attitudinal and dispositional predictors of organizational citizenship behavior［J］. Personnel Psychology，1995（48）：775-802.

［133］Judge T A，Bono J E. Relationship of core self-evaluations traits-self-esteem，generalized self-efficacy，locus of control，and emotional stabilitywith job satisfaction and job performance：A meta-analysis［J］. Journal of Applied Psychology，2001，86（1）：80-92.

［134］Yu K，Liu C，Li YH. Beyond social exchange：Career adaptability linking work stressors and counterproductive work behavior［J］. Frontiers in Pschology，2019（10）：7-14

［135］晁罡，熊吟竹，王磊，李登月．组织伦理气氛对工作满足感和员工越轨行为的影响研究［J］. 管理学报，2013，10（11）：1611-1617.

［136］盖宏伟，佟林杰．组织员工反生产行为发生及调控机制研究［J］. 商业经济研究，2015（33）：99-101.

［137］Mobley W. H. Intermediate linkages in the relationship between job satisfaction and employee turnover［J］. Journal of Applied Psychology，1977，62（2）：237-240.

［138］叶仁荪，王玉芹，林泽炎．工作满意度、组织承诺对国企员工离职影响的实证研究［J］. 管理世界，2005（3）：122-125.

［139］唐立，费梅苹．薪酬激励抑或情感支持：社会工作者流失之因探究［J］. 青年研究，2020（2）：59-69，95-96.

［140］Lambert E G，Keena L D，Leone M，May D，Haynes SH. The effects of distributive and procedural justice on job satisfaction and organizational commitment of correctional staff［J］. Social Science Journal，2020，57（4）：405-416.

［141］李璞，南毅，骆毓燕．勘察施工企业员工满意度调查分析［J］. 软科学，2010（2）：119-122.

[142] Mitchell T R, Holtom B C, Lee T W. Why people stay using job embeddedneess to predict voluntary turnover [J]. Academy of Management Journal, 2001, 44 (6): 102–121.

[143] 贾海菠，白胜 . 工作嵌入留住员工 [J]. 企业管理，2016 (6): 27.

[144] Charlier S D, Guay R P, Zimmerman R D. Plugged in or disconnected? Amodel of the effects of technological factors on employee job embeddedness [J]. Human Resource Management, 2016 (1): 109–126.

[145] Susomrith P, Amankwaa A. Relationship between job embeddedness and innovative work behaviour [J]. Management Decision, 2020, 58 (5): 864–878.

[146] 李召敏，赵曙明 . 劳资关系氛围五维度对员工心理安全和工作嵌入的影响——基于中国广东和山东两地民营企业的实证研究 [J]. 管理评论，2017 (4): 108–121.

[147] Holtom B C. Neill B S. Job embeddedness: A theoretical foundation for developing a comprehensive nurse retention plan [J]. Journal of Nursing Administration, 2004 (34): 216–227.

[148] Bambacas M, Kulik T C. Job embeddedness in China: How HR practices impact turnover intentions [J]. The International Journal of Human Resource Management, 2013, 24 (10): 1933–1952.

[149] Allen D. G. Do organizational socialization tactics influence newcomer embeddedness and turnover [J]. Journal of Management, 2006, 32 (2): 237–256.

[150] Peltokorpi V. Job embeddedness in japanese organizations [J]. The International Journal of Human Resource Management, 2013, 24 (8): 1551–1569.

[151] Fasbender U, Van der Heijden, Grimshaw S. Job satisfaction, job stress and nurses'turnover intentions: The moderating roles of on–the–job and off–the–job embeddedness [J]. Journal of Advanced Nursing, 2019, 75 (2): 327–337.

[152] Potgiete I L, Coetzee M, Ferreira N. The role of career concerns and workplace friendship in the job embeddedness–retention practices satisfaction link [J]. SA Journal of Industrial Psychology, 2018, 44 (1): 1–9.

[153] Shehawy Y M, Elbaz A, Agag G M. Factors affecting employees' job embeddedness in the Egyptian airline industry [J]. Tourism Review, 2018, 73 (4): 548–571.

[154] Rahimnia F, Eslami G, Nosrati S. Investigating the mediating role of job embeddedness: Evidence of Iranian context [J]. Personnel Review, 2019, 48 (3): 614-630.

[155] 秦志华，蒋诚潇，杨俊. 组织中成员工作嵌入的前因变量研究 [J]. 商业经济与管理，2013 (12): 64-73.

[156] Cezar Giosan, Charles Darwin. CEO: Some applications of evolutionary psychology to management [J]. Psychology Society Bulletin, 2005, 2 (1): 21-33.

[157] Ng T W H, Feldman D C, Lam S S K. Psychological contract breaches, organizational commitment, and innovation-related behavior: A latent growth modeling approach [J]. Journal of Applied Psychology, 2010, 95 (4): 744-751.

[158] Thomas W, Lee T W, Mitchell T R, Chris J, Sablynski C J, James P, et al. The effects of job embeddedness on organizational citizenship, job performance, volitional absences, and voluntary turnover [J]. Academy of Management Journal, 2004, 47 (5): 711-722.

[159] Thome M, Greenwald J. Job and community embeddedness on voluntary turnover [J]. Journal of Business & Industrial Marketing, 2020, 35 (10): 1537-1580.

[160] Sender A, Rutishauser L, Staffelbach B. Embeddedness across contexts: A two-country study on the additive and buffering effects of job embeddedness on employee turnover [J]. Human Resource Management Journal, 2018, 28 (2): 340-356.

[161] Linder C. Expatriates' motivations for going abroad: The role of organizational embeddedness for career satisfaction and job effort [J]. Employee relations, 2019, 41 (3): 552-570.

[162] Zhang L, Fan C H, Deng Y L, Lam C F, Hu E H, Wang L Y. Exploring the interpersonal determinants of job embeddedness and voluntary turnover: A conservation of resources perspective [J]. Human Resource Mangement Journal, 2019, 29 (3): 413-432.

[163] Crossley C D, Bennett R J, Steve M, Jex S M, et al. Development of a global measure of job embeddedness and integration into a traditional model of voluntary turnover [J]. Journal of Applied Psychology, 2007 (4): 1031-1042.

[164] Heavey A L, Holwerda J A, Hausknecht J P. Causes and consequences of collective turnover: A meta-analytic review [J]. Journal of Applied Psychology, 2013

(3): 412–453.

[165] Wheeler A R, Harris K J, Sablynski C J. How do employees in vest abundant resources? The mediating role of work effort inthe job–embeddedness/job–performance relationship [J]. Journal of Applied Social Psychology, 2012(1): 244–266.

[166] Lev S, Koslowsky M. Teacher gender as a moderator of the on–the–job embeddedness–OCB relationship [J]. Journal of Applied Social Psychology, 2012(1): 81–99.

[167] Avey J, Wu K, Holley E. The influence of abusive supervisionand job embeddedness on citizenship and deviance [J] . Journal of Business Ethics, 2015(3): 721–731.

[168] Rafiq M, Wu W W, Chin T, Nasir M. The psychological mechanism linking employee work engagement and turnover intention: A moderated mediation study [J]. Work–A Journal of Prevention Assessment & Rehabilitation, 2019, 62 (4): 615–628.

[169] Singh R. Engagement as a moderator on the embeddedness–deviance relationship [J]. International Journal of Organizational Analysis, 2019, 27 (4): 1004–1016.

[170] Darrat M A, Amyx D A, Bennett RJ. Examining the impact of job embeddedness on salesperson deviance: The moderating role of job satisfaction [J] . Industrial Marketing Management, 2017 (63): 158–166.

[171] Coetzer A, Inma C, Poisat P, Redmond J, Standing C. Job embeddedness and employee enactment of innovation–related work behaviours [J]. International Journal of Manpower, 2018, 39 (2): 222–239.

[172] Afsar B, Shahjehan A, Shah SI. Frontline employees'high–performance work practices, trust in supervisor, job–embeddedness and turnover intentions in hospitality industry [J]. International Journal of Contemporary Hospitality Management, 2018, 30 (3): 1436–1452.

[173] Ardaman J M, Rogers B L, Marler LE. Retaining nurses in a changing health care environment: The role of job embeddedness and self–efficacy [J]. Health Care Management Review, 2020, 45 (1): 52–59.

[174] Greenberg J. Employee theft as a reaction to underpayment inequity: The hidden cost of pay cuts [J]. Journal of Applied Psychology, 1990a, 75 (5): 561–568.

[175] Cropanzano, Russell, Robert Folger. Motivation and work behavior [M]. New York, 1991.

[176] Ambrose M L, Seabright M A, Schminkec M. Sabotage in the workplace: The role of organizational injustice [J]. Organizational Behavior and Human Decision Processes, 2002, 89(1): 947-965.

[177] Henlen C A. Predicting workplace deviance from the interaction between organizational justice and personality [J]. Journal of Management Issues, 2005, 17 (2): 247.

[178] 尤方华，陈志霞. 组织公正对员工反生产行为的影响及其中介机制研究 [J]. 科技管理研究，2014 (13): 82-87.

[179] Spector P E. Job satisfaction: Application, assessment, cause, and consequences [M]. London: SAGE Publica-tions, 1997.

[180] Mc Farlin D B, Sweeney P D. Distributive and procedural justiceas predictors of satisfaction with personal and organizational outcomes [J]. Academy of Management Journal, 1992, 35 (3): 626-637.

[181] 张奇，朱春奎，朱湘. 绩效评估公平感对工作满意度的影响效应研究 [J]. 科研管理，2009 (3): 111-116.

[182] Lambert E G, Tewksbury R, Out S E, Elechi O O. The association of organizational justice with job satisfaction and organizational commitment among nigerian correctional staff [J]. International Journal of Offender Therapy and Comparative Criminology, 2020, 65 (2): 180-204.

[183] Nurdin S, Umar N, Endang S A, Hamidah N U. The effects of emotional intelligence and organizational justice on job satisfaction, caring climate, and criminal investigation officers'performance [J]. International Journal of Organizational Analysis, 2020, 28 (5): 7-14.

[184] 崔勋，张义明，瞿皎姣. 劳动关系氛围和员工工作满意度：组织承诺的调节作用 [J]. 南开管理评论，2012 (2): 19-30.

[185] Judge T A, Scott B A, Vies R. Hostility, job attitudes, and workplace deviance: Test of a multilevel model [J]. Journal of Applied Psychology, 2006, 91 (1): 126-138.

[186] Lau C S, Au W T, Ho J M C. A qualitative and quantitative review of antecedents of counterproductive behavior in organizations [J]. Journal of Business and

Psychology，2003，18（1）：73-99.

[187] Mangione T W，Quinn R P. Job satisfaction，counterproductive behavior，and drug use at work [J]. Journal of Applied Psychology，1975（1）：114-116.

[188] Bolin A，Heatherly L. Predictors of employee deviance：The relationship between bad attitudes and bad behavior [J]. Journal of Business and Psychology，2001，15（3）：405-418.

[189] Moretti D M. The prediction of employee counterproductivity through attitude assessment [J]. Journal of Business and Psychology，1986，1（2）：134-147.

[190] 曹羽男 . 组织情境认知、个人道德标准和员工偏差行为之关系 [D]. 台湾科技大学博士学位论文，2005.

[191] Marmo S，Pardasani M，Vincent D. Social justice，organizational commitment and job satisfaction for palliative care social workers [J]. Human Service Organizations Management Leadership & Governance. 2021（1）：7-14.

[192] Bennett R J，Robinson S L. The past，present and future of workplace deviance research [C] // Greenberg，J.（eds.）. Organizational behavior：The state of the science. Mahwah，NJ：Erlbaum，2003：247-281.

[193] 杨春江，逯野，杨勇 . 组织公平与员工主动离职行为：工作嵌入与公平敏感性的作用 [J]. 管理工程学报，2014，28（1）：16-25.

[194] Ghosh D，Sekiguchi T，Gurunathan L. Organizational embeddedness as a mediator between justice and in-role performance [J]. Journal of Business Research，2017（75）：130-137.

[195] Jolly P M，Self T T. Psychological diversity climate，organizational embeddedness，and turnover intentions：A conservation of resources perspective [J]. Cornell Hospitality Quarterly，2020，61（4）：416-431.

[196] Greene J，Mero N，Werner S. The negative effects of job embeddedness on performance [J]. Journal of Managerial Psychology，2018，33（1）：58-73.

[197] 周浩，龙立荣 . 共同方法偏差的统计检验与控制方法 [J]. 心理科学进展，2004（6）：942-950.

[198] Podsakoff P，Mackenzie S，Hui C. Organizational citizenship behaviors and managerial evaluations of employee performance：A review and suggestions for future research [J]. Research in Personnel & Human Resource Management，1993（11）：1-40.

［199］彭台光，高月慈，林钲棽．管理研究中的共同方法变异：问题本质、影响、测试和补救［J］．管理学报（台湾），2006（1）：77–98.

［200］赵金金，刘博．职场排斥与知识型员工职业倦怠的曲线关系：心理授权和集体主义导向的调节作用［J］. 现代财经（天津财经大学学报），2019，39（3）：101–113.

［201］Chang S J，Witteloostuijn A V，Eden L. From the editors：common method variance in international business research［J］. Journal of International Business Studies，2010，41（2）：178–184.

［202］荣泰生．AMOS 与研究方法（第二版）［M］. 重庆：重庆大学出版社，2020.

［203］凌文辁，王嘉庆．CPM 领导行为模式对员工反生产行为的影响：领导信任的中介作用［J］. 现代管理科学，2014（12）：30–32.

［204］黄丽，陈维政．两种人际取向对下属工作绩效的影响——以领导—成员交换质量为中介变量［J］. 管理评论，2015（5）：178–187.

［205］张永军，廖建桥，赵君．国外反生产行为研究回顾与展望［J］. 管理评论，2012，24（7）：82–90.

［206］陈晓暾，党艺伟．基于资源保存理论视角的职业高原与员工反生产行为关系研究［J］. 领导科学，2020（8）：86–89.

［207］王德胜，韩杰，李婷婷．真实型领导如何抑制员工反生产行为？——领导—成员交换的中介作用与自我效能感的调节作用［J］. 经济与管理研究，2020，41（7）：134–144.

［208］Brian P，Niehoff，Robert H，Moorman. Justice as a mediator of the relationship between methods of monitoring and organizational citizenship behavior［J］. Academy of Management Journal，1993，36（3）：527–556.

［209］陈明．不当督导对强制性公民行为影响机制及权变因素研究［M］. 北京：经济管理出版社，2016.

［210］杨月坤，杨惠．组织公平对科技人才创新行为的影响研究：内部人身份认知和工作嵌入的作用［J］. 领导科学，2021（2）：68–72.

［211］Greenberg J. Organizational justice：Yesterday，today，and tomorrow［J］. Journal of Management，1990，16（2）：399–432.

［212］Murphy K R. Honesty in the workplace［M］. Belmont，CA：Brooks /

Cole, 1993.

[213] 陈红，朱丹丹，张运红．员工对组织中越轨行为的感知与其越轨倾向的关系及分布研究 [J]. 商业研究，2016 (10)：123-129，156.

[214] Martinko M J, Harvey P, Brees J R, Mackey J. A review of abusive supervision research [J]. Journal of Organizational Behavior, 2013, 34 (1): 120-137.

[215] Nunnally J C. Psychometic theory (2nd ed.) [M]. New York: McGraw-Hill, 1978.

[216] Kaiser H F. An index of factorial simplicity [J]. Psychometrika, 1974, 39 (1): 31-36.

[217] 吴明隆．结构方程模型——AMOS 的操作与应用 [M]. 重庆：重庆大学出版社，2017.

[218] Hu L, Bentler P M. Fit indices in covariance structure modeling: Sensitivity to underparameterized model misspecification [J]. Psychological methods, 1998, 3 (4): 424-453.

[219] Zhang L N, Messner S F, Zhou D K. Organization of ownership and workplace theft in China [J]. International Journal of Offender Therapyand Comparative Criminology, 2000, 5 (6): 581-592.

[220] Hayes A F. An introduction to mediation, moderation, and conditional process analysis: A regression-based approach [M]. New York: Guilford Press, 2013.

[221] 方杰，温忠麟，梁东梅，李霓霓．基于多元回归的调节效应分析 [J]. 心理科学，2015，38 (3)：715-720.

附录1　预调查问卷

关于职场心理与行为的问卷

尊敬的女士 / 先生：

您好！感谢您在百忙之中接受我们的问卷调查。本问卷是北方民族大学“职场心理和行为研究”项目组关于职场心理和行为的调查。问卷的结果将被用来研究以偏差行为为核心的相关变量之间关系的学术研究，所有答案将会严格保密。答案无对错之分，只需要您根据实际情况，按照真实的想法做出选择即可。您的答案将是本研究重要的参考，所以恳请您根据自己的真实感受填写问卷。问卷填写将耗费您15分钟的时间。

如果您对本问卷有任何疑问，请与本人联系。

再次感谢您对本研究的鼎力协助，祝您身体健康、工作顺利、万事如意！

北方民族大学 商学院 郑惠珍

2016年10月

第一部分　个人基本信息

请在相应的□上用“√”选择：

1. 您的性别：①男□　　②女□

2. 您的年龄：

① 25岁及以下□　② 25~35岁□　③ 35~45岁□　④ 45~55岁□　⑤ 55岁及以上□

3. 您目前的婚姻状态：①已婚□　②未婚□　③离异□　④丧偶□

4. 您的最高教育程度是：

①高中及以下□ ②大专□ ③本科□ ④硕士及以上□

5. 您参加工作的时间：

① 1~3 年（包括 3 年）□ ② 3~5 年□ ③ 5~10 年□

④ 10~15 年□ ⑤ 15 年以上□

6. 您在贵公司的工作年限：

① 1 年以下□ ② 1~2 年□ ③ 2~4 年□

④ 4~7 年□ ⑤ 7~10 年□ ⑥ 10 年以上□

7. 您在贵公司的职位是：

①高层管理者□ ②中层管理者□ ③基层管理者□ ④基层员工□

8. 部门类别：①业务部门□ ②业务支撑部门□ ③职能部门□

9. 您每月的工资收入（单位：元）：

① 2000 以下（包括 2000 元）□ ② 2000~3000 □ ③ 3000~4000 □

④ 4000~6000 □ ⑤ 6000~8000 □ ⑥ 8000~10000 □ ⑦ 10000 以上□

第二部分 变量测量

填写说明：请根据您的实际情况，在您认为最适合的选项上画“○”或“√”；每个题目的右边都有 5 个等级，请根据您的实际看法作出评价，在您认为最适合的位置画上记号。如果有的问题让您感到比较模糊，不必反复推敲，只要凭自己的第一感觉填写即可（如 1= 非常不同意；2= 一般不同意；3= 无意见；4= 一般同意；5= 非常同意）。

题号	题项	非常不同意 ⇔ 非常同意				
1	您的工作安排是合理的	1	2	3	4	5
2	您很自豪地告诉别人您在贵公司工作	1	2	3	4	5
3	以您的职位而言，您的工资是合理的	1	2	3	4	5
4	您向朋友称赞您所在的公司是很好的工作场所	1	2	3	4	5
5	您的工作量是合理的	1	2	3	4	5
6	您对公司的依恋主要是由于您与贵公司的价值观十分相似	1	2	3	4	5
7	要离开现在的工作单位对您来说很容易	1	2	3	4	5
8	您真的很关心贵公司的前途	1	2	3	4	5

续表

题号	题项	非常不同意 ⟺ 非常同意				
9	您感到目前您所承担的工作责任是合理的	1	2	3	4	5
10	您真切感觉到贵公司的问题就是自己的问题	1	2	3	4	5
11	公司的工作决策是按照相关工作程序进行的	1	2	3	4	5
12	为了帮助贵公司成功，您愿意付出超出人们预期的努力	1	2	3	4	5
13	领导制定工作决策前会听取员工的意见和看法	1	2	3	4	5
14	您觉得自己是贵公司大家庭的一分子	1	2	3	4	5
15	为制定一个正式的工作决策，领导会广泛收集准确的信息	1	2	3	4	5
16	您经常觉得很难赞同贵公司在重大问题上的决策	1	2	3	4	5
17	领导会向员工讲清工作决策的过程，并且提供所需的信息	1	2	3	4	5
18	您感受确实不能草率地离开现在的工作单位	1	2	3	4	5
19	公司所有的工作决策对所有相关员工都一视同仁	1	2	3	4	5
20	如果您现在决定离开贵公司，您生活中的很多东西将被打乱	1	2	3	4	5
21	当您考虑离开贵公司时，您感到面临的选择太少	1	2	3	4	5
22	公司的员工被允许质疑或反对领导作出的工作决策	1	2	3	4	5
23	对您来说，现在离开贵公司所受到的损失不是很高	1	2	3	4	5
24	您将继续留在贵公司工作的一个主要原因是其他的公司可能提供不了您在这里的待遇	1	2	3	4	5
25	与您工作有关的决策，领导会提供决策的理由	1	2	3	4	5
26	您获得的很多东西都归功于您的公司，所以您觉得应该对公司有所回报	1	2	3	4	5
27	与您工作有关的决策，领导会关注您的个人需求	1	2	3	4	5
28	如果您现在离开贵公司，您会觉得内疚	1	2	3	4	5
29	与您工作有关的决策，领导会真诚地与您讨论	1	2	3	4	5
30	您继续在该公司工作的主要原因之一是您认为忠诚很重要，所以您觉得有一种道德义务要留下	1	2	3	4	5
31	与您工作有关的决策，领导会关心您作为一名下属拥有的权利	1	2	3	4	5
32	您被教导要具有对公司保持忠诚的价值观	1	2	3	4	5
33	与您工作有关的决策，领导会解释得非常详尽，使您理解	1	2	3	4	5
34	在您看来，从一个公司跳槽到另一个公司是不太道德的	1	2	3	4	5

续表

题号	题项	非常不同意 ⟺ 非常同意				
35	您非常在意现在的这份工作，不能离开	1	2	3	4	5
36	您很难作出离开现在单位的决定	1	2	3	4	5
37	您能感觉到您和单位是紧密联系在一起的	1	2	3	4	5
38	您觉得您对这个工作有比较强的依附感	1	2	3	4	5
题号	题项	非常不满意 ⟺ 非常满意				
39	您对自己获得的非物质激励（如表扬、赞赏、培训、荣誉等）	1	2	3	4	5
40	您对自己所从事的工作的性质	1	2	3	4	5
41	您对过去的某一次加薪	1	2	3	4	5
42	您对最近一次的加薪	1	2	3	4	5
43	您对您的上司	1	2	3	4	5
44	您对自己的薪资和工作绩效之间的关系	1	2	3	4	5
45	您对您与同事之间的关系	1	2	3	4	5
46	您对自己福利待遇的项目构成	1	2	3	4	5
47	您对自己所获得的非物质激励（如表扬、赞赏、培训、荣誉等）的力度	1	2	3	4	5
48	您认为贵公司上级对加薪的影响	1	2	3	4	5
49	您对您在公司中能获得的晋升机会	1	2	3	4	5
50	您对自己获得的非物质激励（如表扬、赞赏、培训、荣誉等）持续时间的长短	1	2	3	4	5
51	考虑到工作中的每个方面，您对您当前的工作情形	1	2	3	4	5
题号	题项	从不发生 ⟺ 总是发生				
52	您的同事诽谤或嘲笑其他同事	1	2	3	4	5
53	未经单位许可，您的同事私自挪用公物	1	2	3	4	5

续表

题号	题项	从不发生 ⟺ 总是发生				
54	您的同事在工作时间幻想或做白日梦	1	2	3	4	5
55	您的同事对其他同事言语粗鲁	1	2	3	4	5
56	为了拿到比实际花费还高的费用，您的同事拿假收据报账	1	2	3	4	5
57	您的同事在工作中擅自延长休息时间	1	2	3	4	5
58	您的同事上班迟到	1	2	3	4	5
59	您的同事故意把工作场所弄脏或弄乱	1	2	3	4	5
60	您的同事说其他同事的坏话	1	2	3	4	5
61	您的同事忽略主管的指示，不服从领导工作安排	1	2	3	4	5
62	您的同事故意放慢工作速度	1	2	3	4	5
63	您的同事笑话其他同事，使其难堪	1	2	3	4	5
64	您的同事与不相关的人讨论有关单位的机密	1	2	3	4	5
65	您的同事酒后上班	1	2	3	4	5
66	您的同事做出对其他同事不文明的举止	1	2	3	4	5
67	您的同事工作不努力	1	2	3	4	5
68	为多得加班报酬，您的同事故意拖延工作进度	1	2	3	4	5
69	您的同事做出让其他同事感到难堪的行为	1	2	3	4	5

再次感谢您的作答！如您对数据整理结果感兴趣，请发邮件至：zhuizh@163.com。

注：此问卷为预调查的正式问卷。

附录 2　正式问卷

关于职场心理和行为的问卷

尊敬的女士 / 先生：

您好！感谢您在百忙之中接受我们的问卷调查。本问卷是北方民族大学“职场心理和行为研究”项目组关于职场心理和行为的调查。问卷的结果将被用来研究以偏差行为为核心的相关变量之间关系的学术研究，所有答案将严格保密。答案无对错之分，只需要您根据实际情况，按照真实的想法做出选择即可。您的答案将是本研究重要的参考，所以恳请您根据自己的真实感受填写问卷。问卷填写将耗费您 10 分钟的时间。

再次感谢您对本研究的鼎力协助，祝您身体健康、工作顺利、万事如意！

北方民族大学 商学院 郑惠珍

2016 年 12 月

第一部分　个人基本信息

请在相应的□上用“√”选择：

1. 您的性别：①女□　　　　②男□

2. 您的年龄：

① 25 岁及以下□　② 25~35 岁□　③ 35~45 岁□

④ 45~55 岁□　⑤ 55 岁及以上□

3. 您目前的婚姻状态：①已婚□　②未婚□　③离异□　④丧偶□

4. 您的最高教育程度是：

①高中及以下□　②大专□　③本科□　④硕士及以上□

5. 您参加工作的时间：

① 1~3 年（不包括 3 年）□ ② 3~5 年□ ③ 5~10 年□

④ 10~15 年□ ⑤ 15 年及以上□

6. 您在贵公司的工作年限：

① 1 年以下□ ② 1~2 年□ ③ 2~4 年□

④ 4~7 年□ ⑤ 7~10 年□ ⑥ 10 年以上□

7. 您所在的企业是：

①合资 / 外商独资企业□ ②国有企业（包括集体企业）□

③私营企业□ ④其他企业□

第二部分 变量测量

填写说明：请根据您的实际情况，在您认为最适合的选项上画“○”或“√”；每个题目的右边都有 5 个等级，请根据您的实际看法作出评价，在您认为最适合的位置画上记号。如果有的问题让您感到比较模糊，不必反复推敲，只要凭自己的第一感觉填写即可（如 1= 非常不同意；2= 一般不同意；3= 无意见；4= 一般同意；5= 非常同意）。

题号	题项	非常不同意 ⟺ 非常同意				
分配公平						
FP01	您的工作安排是合理的	1	2	3	4	5
FP02	以您的职位而言，您的工资是合理的	1	2	3	4	5
FP03	您的工作量是合理的	1	2	3	4	5
FP04	您目前得到的奖励是合理的	1	2	3	4	5
FP05	您感到目前您所承担的工作责任是合理的	1	2	3	4	5
过程公平						
GC01	公司的工作决策是按照相关工作程序进行的	1	2	3	4	5
GC02	领导制定工作决策前会听取员工的意见和看法	1	2	3	4	5
GC03	为制定一个正式的工作决策，领导会广泛收集准确的信息	1	2	3	4	5
GC04	领导会向员工讲清工作决策的过程，并且提供所需的信息	1	2	3	4	5
GC05	公司所有的工作决策对所有相关员工都一视同仁	1	2	3	4	5
GC06	公司的员工被允许质疑或反对领导作出的工作决策	1	2	3	4	5

续表

题号	题项	非常不同意 ⟺ 非常同意				
互动公平量表						
HD01	与您工作有关的决策，领导会提供决策的理由	1	2	3	4	5
HD02	与您工作有关的决策，领导会关注您的需求	1	2	3	4	5
HD03	与您工作有关的决策，领导会真诚地与您讨论	1	2	3	4	5
HD04	与您工作有关的决策，领导会关心您的权利	1	2	3	4	5
HD05	与您工作有关的决策，领导会解释得非常详尽，使您理解	1	2	3	4	5
工作嵌入量表						
QR01	您能感觉到您和单位是紧密联系在一起的	1	2	3	4	5
QR02	您确实不能草率地离开现在的工作单位	1	2	3	4	5
QR03	您非常在意现在的这份工作，不能离开	1	2	3	4	5
QR04	您很难作出离开现在单位的决定	1	2	3	4	5
QR05	您觉得您对这个工作有比较强的依附感	1	2	3	4	5
工作满意度量表						
题号	题项	非常不满意 ⟺ 非常满意				
MY01	您对自己所从事的工作的性质	1	2	3	4	5
MY02	您对您的上司	1	2	3	4	5
MY03	您对您与同事之间的关系	1	2	3	4	5
MY04	您对您的工作收入	1	2	3	4	5
MY05	您对您在公司中能获得的晋升机会	1	2	3	4	5
MY06	考虑到工作中的每个方面，您对您当前的工作情形	1	2	3	4	5
人际偏差量表						
题号	题项	从不发生 ⟺ 总是发生				
RJ01	在您的工作单位中，诽谤或嘲笑其他同事的行为	1	2	3	4	5
RJ02	在您的工作单位中，对其他同事言语粗鲁的行为	1	2	3	4	5
RJ03	在您的工作单位中，说其他同事的坏话的行为	1	2	3	4	5
RJ04	在您的工作单位中，笑话其他同事，使其难堪的行为	1	2	3	4	5

续表

RJ05	在您的工作单位中，对其他同事不文明的举止	1	2	3	4	5
RJ06	在您的工作单位中，让其他同事感到难堪的行为	1	2	3	4	5
题号	**题项**	**从不发生 ⟺ 总是发生**				
组织偏差量表						
ZZ01	在您的工作单位中，未经单位许可，私自挪用公物的行为	1	2	3	4	5
ZZ02	在您的工作单位中，工作时间幻想或做白日梦的行为	1	2	3	4	5
ZZ03	在您的工作单位中，为了拿到比实际花费还高的费用，拿假收据报账的行为	1	2	3	4	5
ZZ04	在您的工作单位中，擅自延长休息时间的行为	1	2	3	4	5
ZZ05	在您的工作单位中，上班迟到的行为	1	2	3	4	5
ZZ06	在您的工作单位中，故意把工作场所弄脏或弄乱的行为	1	2	3	4	5
ZZ07	在您的工作单位中，忽略主管的指示，不服从领导工作安排的行为	1	2	3	4	5
ZZ08	在您的工作单位中，故意放慢工作速度的行为	1	2	3	4	5
ZZ09	在您的工作单位中，与不相关的人讨论有关单位的机密的行为	1	2	3	4	5
ZZ10	在您的工作单位中，酒后上班的行为	1	2	3	4	5
ZZ11	在您的工作单位中，工作不努力的行为	1	2	3	4	5
ZZ12	在您的工作单位中，为多得加班报酬，故意拖延工作进度的行为	1	2	3	4	5

再次感谢您的作答！如您对数据整理结果感兴趣，请发邮件至：zhuizh@163.com。

注：此问卷为正式调查的原始问卷。